# L'INSTRUMENT
# DE MARINE

# Du même auteur

## HISTOIRE MARITIME

*Marins du pétrole* (1961), Hachette.

*L'âge d'or de la marine à voile* (1963), Hachette.

*Hommes et navires au cap Horn* (1966), Hachette. (Grand Prix de l'Académie de Marine, 1967.)

*La Royale - L'histoire illustrée de la Marine nationale française depuis les débuts de la vapeur.*

      Tome  I. *L'éperon et la cuirasse* (de 1850 à 1918).

      Tome II. *La torpille et la bombe* (de 1919 à nos jours). Editions de la Cité, Brest (1972 et 1973).

*L'antiquaire de marine* (1973), E.M.O.M.

*Grands Voiliers français, 1880-1930. Construction, gréement, manœuvre, vie à bord.* Editions des Quatre-Seigneurs (1974), Grenoble.

## NAVIGATION ET YACHTING

*Introduction à l'art de naviguer* (1968), E.M.O.M.
*La plaisance* (1972), ODEGE/Le livre de Paris.

# Jean Randier

# L'INSTRUMENT DE MARINE

CELIV

*Il vaut mieux ignorer absolument où l'on est,*
*et savoir qu'on l'ignore,*
*que de se croire avec confiance où l'on n'est pas.*

CASSINI.

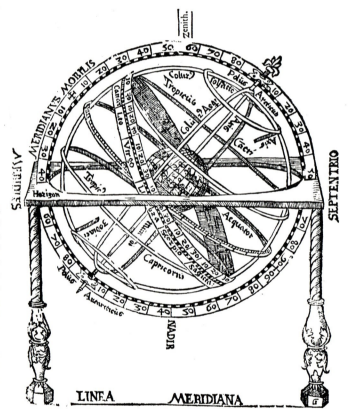

Sphère armillaire de Gemma Frisius dans Cosmographia. *La Terre est au centre. La position du colure des équinoxes, donc celle du point vernal sur l'écliptique, indique la date de réalisation de cette sphère. Le colure des solstices est, bien entendu, à 90° du premier. Ces sphères dont le nom vient d'armille, qui signifie anneau, simples et claires au début, et qui permettaient de dégrossir quelques problèmes de navigation et d'astronomie, vont se compliquer et se décorer au cours des siècles à venir au point de devenir inutilisables.*

# Introduction

La conception et l'emploi des instruments de navigation du passé sont toujours, pour le marin et l'historien naval, des thèmes de méditation, car aux mesures brutes obtenues correspondent des méthodes de calcul, souvent oubliées, qui marquent des étapes importantes et originales de la pensée en matière d'art nautique.

Cet ouvrage est donc une histoire illustrée de la navigation maritime à travers les « outils » des pilotes. Elle débute avec les premières tentatives rationnelles et connues des navigateurs, pour se diriger et se situer sur mer. Elle finit au moment où l'électricité, la radio et l'électronique apparaissent sur les passerelles, au début de ce siècle.

C'est à ce moment que l'instrument de navigation perd son caractère spécifiquement maritime, assimilant des techniques aéro-terrestres éprouvées.

D'autre part, nombreux sont aujourd'hui, à côté des historiens de la mer, les collectionneurs d'instruments de navigation. C'est à eux que nous avons pensé en réunissant dans ce livre une iconographie qui permet l'identification des pièces.

Une classification thématique en six chapitres couvre les différents aspects du problème : pilotage côtier et hauturier, mesure du temps, hydrographie, astronomie, météorologie...

Si complet qu'il ait été voulu, cet inventaire raisonné ne peut embrasser l'immense production si variée des mécaniciens et des artistes, concepteurs et fabricants d'instruments scientifiques de marine.

La bibliographie de référence devrait aider le lecteur à compléter une information qui s'accroît chaque jour par la découverte de nouvelles pièces vues dans les ventes publiques ou dans les vitrines des collectionneurs et des musées.

Le patrimoine marin est immense, le temps indifférent l'a dispersé aux quatre vents, mais un renouveau d'intérêt et d'enthousiasme pour l'histoire de la mer vient donner toutes ses chances de bonne réussite à la vaste entreprise d'archéologie navale qui renaît, et dont ce livre est l'un des éléments.

Les remarques et les suggestions de chacun sont vivement souhaitées pour la meilleure conservation de ce « musée marin imaginaire ».

L'Editeur.

1. *Compas de mer portugais, 1764.
Rose en papier, décor aquarellé de
la cuvette. Montage à la cardan.
Deux fenêtres et un style surmontant
la chape servent aux visées de
relèvement.*

# I
# La navigation à l'estime

HYDROGRAPHIE
DV P. G. FOVRNIER.
LIVRE ONZIESME.
De la Bouſſole, & des vertus admirables de l'Aymant.

*Que l'vſage en eſt tres ancien.*

CHAP. PREMIER.

PAR ce mot de Bouſſole, que nous appellons d'ordinaire Quadran, & ſur la Mediterranée Calamite, i'entends vn Inſtrument duquel les Mariniers ſe ſeruent pour ſe conduire ſur Mer, par le moyen d'vn fer aymanté qui eſt dedans, & qui ſe tournant touſiours vers le Nord, leur monſtre quelle route ils tiennent.

Nos anciens François la nommoient Marinette, comme nous voyons dans les Antiquitez de Fauchet, lequel au liure de l'Origine de la Langue & Poeſie Françoiſe, rapporte les vers que Guyot de Prouines compoſa enuiron l'an 1200. ou peu deuant, auſquels apres auoir parlé du Pole Arctique, il dit

*Bouſſole ce que c'eſt.*

*Appellée Marinette.*

2. Hydrographie, *du père Fournier, 1643. Bandeau de départ du onzième livre.*

## Hors de vue de la terre

L'histoire de la navigation, avant le XVe siècle, ne repose que sur des conjectures. Ici et là, quelques notes dans les voyages de saint Paul ou de Marco Polo nous font apercevoir un plomb de sonde ou une boussole élémentaire, sans que l'on puisse savoir si des méthodes réelles accompagnaient l'usage de ces instruments.

Au Moyen Age, dans les récits des voyageurs de Méditerranée, nous trouvons des nautonniers aventureux qui s'en vont vers le Levant, sans carte, sans instrument de hauteur (astrolabe) et sans boussole, avec, pour tout viatique, une certaine idée des caps successifs à relier par courtes étapes et la « plommée » pour mesurer le fond, afin d'éviter de se mettre au plein.

Mais il en est de la navigation comme de toutes les techniques, les découvertes et les méthodes n'arrivent qu'avec l'absolue nécessité de progresser. Après les courtes étapes méditerranéennes, où la terre n'était jamais bien longue à réapparaître à l'horizon, offrant sa présence rassurante, les voyages dans l'Atlantique devenaient une tout autre aventure avec des parcours abstraits sur des cartes muettes.

3. *Compas sec. Italie, Livourne, 1719. On remarque la vieille notation : P, pour ponant et une croix à l'est, rappelant la direction de Jérusalem. La rose est graduée en degrés par quarts de cercle de 90°. Cuvette et couvercle en bois.*

*La boussole chinoise astrologique, dite lo-pan, compliquée de symboles ésotériques concentriques, servait aussi aux pratiques divinatoires. Dans son centre, on n'en trouve pas moins la rose élémentaire marine de 24 rhumbs (tchéou), dont les aires majeures sont indiquées par des graphismes, à trois bandes superposées, portant 1, 2 ou 3 traits verticaux d'identification. Le sens de ces symboles reste assez obscur, les idéogrammes traduisant des concepts du monde philosophique et religieux d'Extrême-Orient.*

*Comme aux premiers âges de la navigation, le timonier doit garder la direction clé — ou cardinale — (le sud pour les Chinois), en face du rhumb correspondant au cap choisi. La ligne de foi est donc ce rhumb lui-même. L'habitude de ces couronnes divisées en 24 parties (douze chez les Japonais) fut si bien enracinée qu'il n'est pas rare de trouver des roses de compas asiatiques du XIXᵉ siècle montées à la manière européenne — rose avec pivot et chape — et comportant néanmoins la double graduation en 360° et en 24 rhumbs. Mais cette pratique ne fut-elle pas aussi employée longtemps en Europe avec les graduations en 32 aires de vent ?* ►

Le principe des cartes et des instruments des Vénitiens parvinrent sans doute aux premiers marins portugais, explorateurs de la côte africaine. La découverte des Canaries par Lanzarote Malocello remonte à 1386. Ces îles une fois « situées », il avait bien fallu se servir d'instruments de latitude et de direction pour y revenir.

Les premiers travaux sérieux sur la navigation datent d'Henri le Navigateur (1394-1460), un des fils du roi Jean Iᵉʳ de Portugal et fondateur de l'école de Sagres, au début du XVᵉ siècle, école où se formèrent nombre de grands pilotes et qui permit sans doute, par son enseignement, le voyage de Vasco de Gama (1497) vers le Mozambique et les Indes.

Il était intellectuellement commode, à une certaine époque, de parler du voyage de Gama comme d'un cabotage hasardeux. Mais Marguet (*Histoire générale de la navigation*) rappelle à ce propos un « Roteiro » (routier), publié à Porto en 1838, qui tente de retrouver la route suivie par le grand marin portugais. En suivant la côte, effectivement, jusqu'à Mina (Côte-d'Ivoire) et les îles du Cap-Vert, on met au total 78 jours de mer jusqu'à la baie de Sainte-Hélène. Cette courte durée est tout à fait impossible en suivant la côte et prouve bien que la route a été prise au large sur le parcours adopté plus tard par d'Entrecasteaux, 1791-1792, en 74 jours, et par Baudin, 1800, en 77 jours. Ces voyages obligeaient à couper la ligne par 20° ouest.

La navigation à l'estime (*dead reckoning* des Anglais) était donc devenue une réalité. Elle supposait un certain nombre d'outils, une méthodologie et ce que notre époque est convenue d'appeler des « options », sur la conception du monde. L'idée d'une carte plate, planisphère ou mappemonde — représentation en plan de la Terre — est une très ancienne préoccupation des géographes et des voyageurs. Mais nous y reviendrons. Toujours est-il que, sur la représentation

suite page 12

# Les pierres d'aimant montées

L'histoire fait apparaître les pierres d'aimant pour la première fois en Chine, et il ne semble pas que cet oxyde de fer (magnétite, $Fe_3O_4$) ait eu la navigation pour premier usage. Grâce à ses propriétés magiques, cette pierre semblait surtout destinée aux sciences occultes et ésotériques, et son usage nautique paraît tardif. Marco Polo en parle vers 1280, mais aussi à la même époque les Sagas scandinaves. Toujours est-il que, jusqu'à l'invention des champs magnétiques artificiels, par bobinages et courants électriques, la pierre d'aimant resta le seul moyen de « raviver » les aiguilles d'acier des boussoles et l'on comprend que les pierres puissent avoir fait l'objet de montages très ornés, voire précieux, l'ensemble constituant ce que nous appelons aujourd'hui des « pierres d'aimant montées ».

On se méfiait beaucoup des effets particuliers de ces pierres. Polter, en 1586, affirmait que des « magnetes » différents donnaient aux fers des aimantations dissemblables, et c'est pourquoi les navigateurs en emportaient plusieurs de façon à aimanter leurs compas selon la meilleure moyenne. L'usage terrestre des pierres montées était aussi largement répandu. A partir du XVIIIe siècle, parallèlement aux pierres, les bons aciers aimantables de façon durable, et appelés aimants permanents, sont également en faveur.

4, 5, 6, 7. *Divers aimants montés. XVII<sup>e</sup> siècle.*

« *Figure, laquelle démonstre, sellon le rumb de vent auquel lon aura sillé et faict chemin pour avoir eslevé ou abaissé vıng degrés de haulteur de latitude plus proche, ou loing, de l'équinoxial, combien lon sera eslongé de lieus loing du méridien, ou ligne droite du lieu dont lon est party.* » Premières Heures, du pilote Jacques Devaulx, du Havre, XVe siècle.

Le problème majeur des chemins est-ouest et nord-sud, à partir du cap et du nombre de milles, fut celui des premiers navigateurs hauturiers, pratiquant l'estime. Bien que résolu aujourd'hui, ce problème n'en demeure pas moins de pratique courante.

*Roses de compas. Planche extraite de l'ouvrage du capitaine Schück, Der Kompass.* ►

plane du monde, l'idée d'utiliser des coordonnées polaires : angle et distance, pour la navigation allait de soi. La boussole, en effet, ne donnait-elle pas l'angle, et le loch la vitesse, partant la distance, fonction des heures de route ? Et cela était d'autant plus logique que les coordonnées rectangulaires, X : longitude, Y : latitude, étaient encore bien loin d'être susceptibles de mesure et de tracé sur la carte. Si la latitude était mesurable à midi, par une hauteur de soleil à l'astrolabe ou à l'arbalète, en revanche, on attendait le canevas de Mercator et la notion de latitude croissante pour pouvoir situer le parallèle. Au contraire, si la longitude était plus facile à porter — tous les méridiens étant égaux en espacement et parallèles entre eux — on devait encore attendre près de trois siècles l'invention du chronomètre de marine pour déterminer la longitude avec précision.

Aujourd'hui, les notions de latitude et de longitude, coordonnées carrées, sont parfaitement entrées dans les habitudes, et il nous faut faire un effort pour n'y voir que la conséquence de ce que réalisent vraiment les bateaux : parcourir une certaine distance à un cap donné.

Cap vrai et distance parcourue furent donc les premiers éléments de la navigation maritime et déterminèrent le principe du tracé des premières cartes marines « par routes et distances ».

Fig.3.       1560.

Diego Homem.     Venezia.

Fig. 4.

Fig. 4-10.
Diegus Homem.
Dresden.
1568.

Fig. 5.

Fig.1.      1557.

D.ns Home.     L.Fincati.

Fig.2.      1558.

Diego Homens.    L.Fincati.

Fig. 6.

Fig 7.

Fig.8.

Fig.11.      1568.

Domingo Olives.     Helsingfors.

Fig. 10.

Fig.9.

Fig.12.      1593.

Vincentius Voltius.     L.Fincati.

Fig.13.      1612.

Johannes Olives.     L.Fincati.

13

8. *Compas sec, XVIII<sup>e</sup> siècle. La rose en papier porte l'inscription : Charles Picard, maître poulieur à Saint-Malo, ainsi que de jolis dessins représentant des « mariniers » avec leurs instruments de navigation : sonde, arbalestrille, astrolabe. Ce compas, destiné à être suspendu, comporte néanmoins, dans l'axe de la ligne de foi, une sorte de clinomètre dont l'aiguille manque.*

9. *Compas d'embarcation, c. 1860, signé Vinay à Paris. N° 2604. Rose de 138 mm, en mica, marquée Marine impériale. A l'intérieur de l'habitacle en acajou se trouve une surface courbe, en tôle de laiton, peinte en blanc, destinée à renvoyer la lumière de la vérine à pétrole, montée sur glissière pour l'éclairage de la rose. Au lieu du système classique à pivot et chape, ce compas comprend un axe vertical solidaire de la rose, dont le pivot bas repose sur une chape-crapaudine en pierre dure et dont le pivot haut est guidé par une traverse (visible sur la photo). Un système de verrouillage permet de soulever l'axe de la rose et de la bloquer pour éviter l'usure.*

# La boussole garde-cap

Transmise aux Arabes par les Chinois, au cours de leurs voyages saisonniers dans le golfe Persique et aux Indes, puis « importée » en Europe par les Vénitiens, depuis les comptoirs du Levant, la boussole primitive d'origine asiatique a aujourd'hui contre elle les historiens qui défendent la thèse de l'origine scandinave. Pour ces derniers, la boussole aurait été apportée en Méditerranée par les Normands, au XI<sup>e</sup> siècle.

L'ancien nom de *calamite* rappelle le fétu : *calamus*, dans lequel, selon la tradition, était bourrée la poudre d'oxyde de fer, fétu que l'on mettait ensuite à flotter sur l'eau.

*Magnet, magnétite*, viendrait de Magnésie, région d'Ionie où la pierre abondait. Mais le mot aimant (*iman* en espagnol) s'explique par l'attraction, véritablement « amoureuse », de la pierre pour le fer. M. Salvador Garcia Franco, dans le *Catalogue du Musée naval de Madrid*, rappelle les noms indiens, chinois et japonais de même construction : « pierre aimée du fer ». Quant aux Arabes, ils ont donné à l'aimant le sens de guide, et ceux qui dirigent les croyants — autrefois le Prophète — portent le nom de la pierre magique. C'est aussi le sens qui fut adopté par les Anglais : *loadstone*, ou *leadstone*, la pierre qui guide. Plus pragmatiques, les Hollandais appellent la pierre : *zeilsteel*, ou pierre du marin.

*Roses de compas. Planche extraite de l'ouvrage du capitaine Schück, Der Kompass.*

Du fétu rempli de calamite à la tige d'acier aimantée, il semble n'y avoir qu'un pas, qui fut, selon la tradition, franchi à Amalfi, où le barreau fut monté sur pivot pour un usage maritime plus pratique. Puis, au xve siècle, survint la rose montée sur le barreau qui « maritimisait » véritablement l'instrument.

D'abord installé dans une cuvette ronde en bois tourné, le compas apparaît à la fin du xvie siècle dans un triple assemblage de caissettes carrées, montées à la cardan. La seconde boîte intermédiaire disparaîtra pour ne laisser subsister que le support de cardan, et plus tard, avec l'apparition du cuivre chaudronné, viendront les cuvettes rondes, lestées de plomb pour les compas secs et, *a fortiori*, pour les compas liquides. Vers 1700, dans les mémoires de l'Académie, on fait observer que les effets de la déclinaison ne se ressemblent pas de la même façon dans les boîtes en bois que dans les boîtes en laiton, que l'on soupçonne de contenir des impuretés ferreuses. La Hire propose des cuvettes en marbre ! Mais la cuvette en cuivre avait ses tenants. Arago (l'astronome) avait observé que les oscillations de l'aiguille s'amortissaient plus vite au-dessus d'une plaque de cuivre. On en tint donc compte.

10. *Compas sec renversé, ou mouchard d'époque Restauration. La suspension est à la cardan, ciselée en forme de toron. La cuvette est décorée d'ancres et de dauphins.*

On explique la continuité des boîtes carrées (pourtant illogiques avec des roses rondes) par le fait qu'elles étaient très commodes à caser dans les habitacles de compas de route à alvéoles carrés, la ligne de foi se réglant ainsi naturellement.

Le dessin de l'aiguille a longtemps préoccupé les constructeurs et les théoriciens du magnétisme. La déclinaison magnétique, qui était très faible en Europe au XVe siècle, fit d'abord croire que la différence d'orientation entre les directions du nord vrai et celle du compas provenait soit d'un défaut du métal, soit de la fabrication de la pièce d'acier elle-même. On assiste, au cours des âges, à une floraison de formes étranges : en ovale, en losange, en fourche, cette dernière forme se proposant d'annuler totalement la déclinaison : aiguille en V (Crescentius, 1607). Mais il fallut bien se résoudre à accepter, pour ce qu'elle était, la déclinaison, variable selon les lieux, et considérable en certains, comme devaient le prouver les grands voyages.

Cette notion de lignes d'égale déclinaison, faciles à établir (en principe) par la mesure directe des directions : aiguille et nord géographique (étoile Polaire), amena à penser à une méthode de point sur le globe par mesure de la déclinaison et repérage sur les lignes

17

isogoniques du globe. Combiné avec la latitude, ce deuxième lieu géométrique devait donner un point complet. En France, *la Mécométrie de l'aymant*, de Guillaume le Nautonnier, de Castelfranc-sur-Lot, 1603, est le traité le plus connu sur cette méthode. Malheureusement, beaucoup d'idées préconçues sur la « géométrie naturelle du monde » devaient conduire à des tracés faux des lignes d'égale déclinaison, confondues avec les méridiens terrestres. D'autre part, on ne savait encore rien de précis sur l'inclinaison de l'aiguille, inclinaison mentionnée pour la première fois par Robert Norman (1580), et encore moins de la variation, dans le temps et dans un lieu donné, de la déclinaison.

Le magnétisme permanent (rémanent) des barreaux aimantés posait un sérieux problème avec des aciers plus ou moins doux. D'autre part, la capacité de réaction de l'aiguille à l'entraînement, par les mouvements du navire, est proportionnelle au couple magnétique du

11. *Trois roses de compas sec. En haut à gauche : modèle réglementaire,* Marine impériale, *impression noire sur corozo. Au centre : grande rose sur corozo A droite : rose légère type Thomson : papier de soie, cercle d'aluminium, quatre barreaux aimantés, montage par fil de soie. Fabrication D. Doignon, début XXᵉ siècle.*

barreau, donc à sa masse. Et dès lors qu'il est question de poids, il est aussi question de frottements accrus de la chape sur le pivot. Très tôt les pivots purent être réalisés en acier, pour devenir d'iridium au XIXᵉ siècle, tandis que les chapes devenaient des pierres dures serties (agates et rubis).

La forme des aimants continuant à préoccuper les constructeurs, on vit apparaître, au XIXᵉ, l'aimant circulaire de Duchemin (grande puissance d'aimantation et rémanence accrue). Coulomb prouve que le trou de la chape et la forme des aiguilles sont sans importance,

18

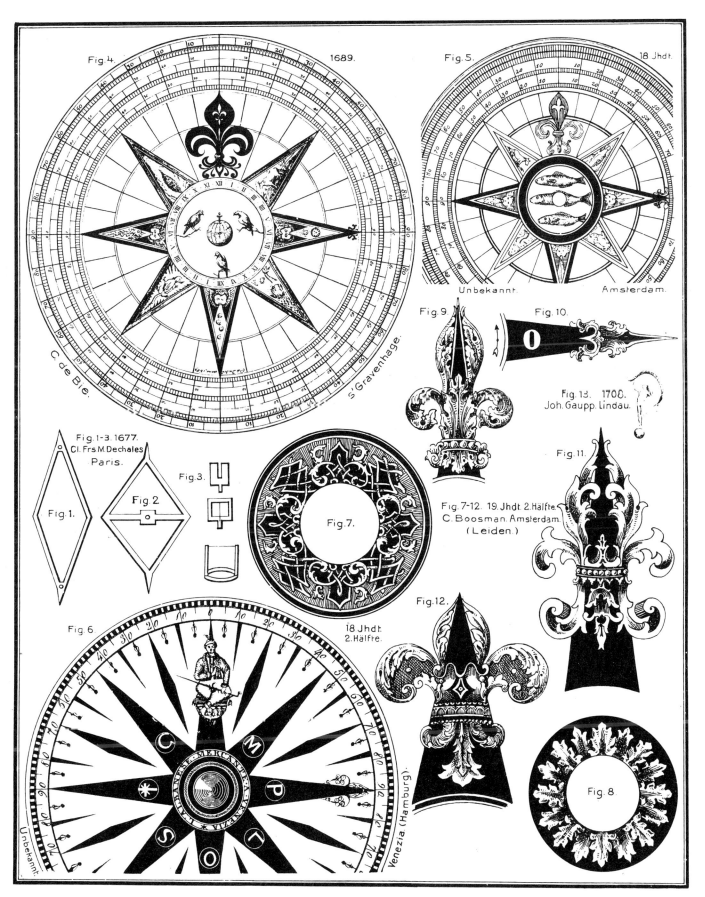

Fig. 4.　　　1689.

Fig. 5.　　　18 Jhdt.

Unbekannt.　　　Amsterdam.

C. de Bie.

s'Gravenhage.

Fig. 9.　　　Fig. 10.

Fig. 13.　　1708.
Joh. Gaupp. Lindau.

Fig. 1-3. 1677.
Cl. Frs M. Dechales
Paris.

Fig. 1.

Fig. 2.

Fig. 3.

Fig. 7.

Fig. 11.

Fig. 7-12. 19. Jhdt. 2. Hälfte.
C. Boosman. Amsterdam.
(Leiden.)

18 Jhdt.
2. Hälfte.

Fig. 6.

Fig. 12.

Unbekannt.

Venezia (Hamburg).

Fig. 8.

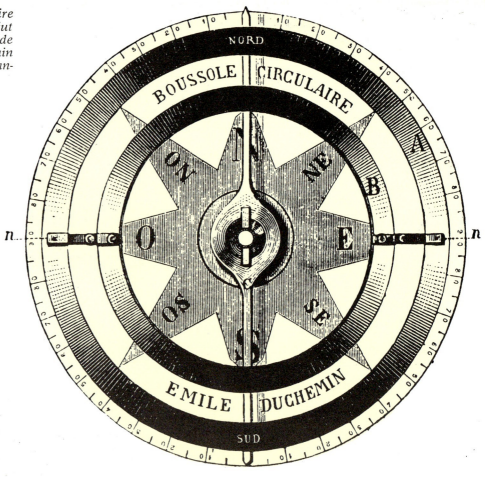

**13.** *Boussole à aimant circulaire E. Duchemin. Ce type de compas fut essayé à bord des bâtiments de l'Etat, de 1873 à 1875, et un certain nombre de modèles furent commandés.*

**14.** *Planche extraite de l'ouvrage du capitaine Schück, Der Kompass, montrant divers modèles de roses et des formes courantes d'aimants utilisés aux XVIIIᵉ et XIXᵉ siècles.*

seule compte la masse d'acier. Mais avant Coulomb, combien de discussions ! Van Zwinden, professeur en Frise, préconise un fil d'acier droit un peu aplati. Fleurieu conseille le barreau droit aplati de 16 cm, sur 7 ou 8 mm de large. En 1772, Borda propose un équipage magnétique composé de 4 barreaux d'acier. L'origine de ce système remonte, en fait, au Danois Lous, qui montait, sur un tableau de bois, 4 aiguilles de 153 mm par 4 mm, et 2,5 mm de section, espacées sur 62 mm de large, en tout. L'appareil pesait 48 g et, détourné à 90°, s'amortissait en 7,5 s. Coulomb, reprenant ce système, proposait de le réduire à 32 g et donnait un schéma de construction. Mais la rose Thomson, pour compas sec — 1876 — réunit finalement l'accord général. On ne se préoccupe plus de la forme à donner aux barreaux, ils sont uniformément cylindriques et allongés (fil d'acier étiré), multipliés par paires — 6 à 8 barreaux — montés par un système de fil de soie et assujettis à une rose en papier très légère, le tout pesant moins de 20 g.

Le compas liquide, généralisé industriellement vers 1880, mettait un terme aux problèmes des frottements. On ne doit pas oublier les travaux de Dent (1833) et de Ritchie (1855) qui aboutirent à la création des premiers compas liquides. Dans la cuvette remplie d'un liquide incongelable — alcool, glycérine — on faisait désormais reposer une rose sur un anneau circulaire flotteur (quel retour aux origines du premier compas de mer !). L'équilibre poids-poussée d'Archimède étant parfaitement réalisé, la chape ne servait plus dès lors qu'à guider la rotation autour du pivot central. D'autre part, ces compas, fortement dirigés par un barreau aimanté important, étaient insensibles aux mouvements du bateau qu'ils équipaient (entraînement) ; ils firent

20

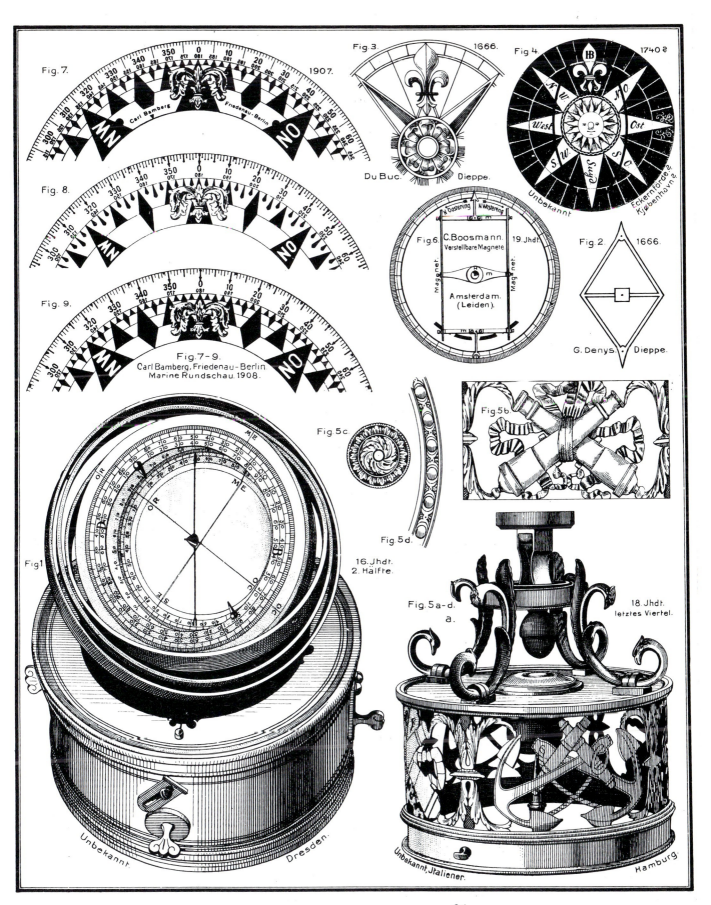

Fig. 7. 340 350 0 10 20 30 1907.
320 330 40
50
Carl Bamberg Friedenau-Berlin
MN NO
60

Fig. 8. 340 350 0 10 20 30
320 330 40
50
MN NO
60

Fig. 9. 340 350 0 10 20 30
320 330 40
50
MN NO
60

Fig. 7-9.
Carl Bamberg, Friedenau-Berlin.
Marine Rundschau. 1908.

Fig. 3. 1666. Fig 4 1740 ?
HB
N.W. N.O.
West Ost
S.W. S.O.
Du Buc. Dieppe. Sud
Unbekannt Eckernförde 2.
Kjøbenhavn 2.

Fig. 6. N. Oostering N. Westering
C. Boosmann.
Verstellbare Magnete
Magnet. m Magnet.
m
Amsterdam.
(Leiden). m

Fig. 2. 1666.
G. Denys. Dieppe.

Fig 5 c.

Fig 5 d.

Fig 5 b.

16. Jhdt.
2. Hälfte.

Fig 1. ME
OR
OR
ME

Fig 5 a-d.
a.

18. Jhdt.
letztes Viertel.

Unbekannt. Dresden.

Unbekannt. Italiener. Hamburg.

15. *Rose de compas anglais. Dollond, Londres, XVIII<sup>e</sup> siècle.*

florès à bord des petits bâtiments aux mouvements désordonnés dans le mauvais temps et, par la suite, se montrèrent parfaits sur les navires à machine, soumis aux vibrations.

Le compas gyroscopique, généralisé dans les marines de guerre, au lendemain du premier conflit mondial (1914-1918), et dans les marines marchandes au lendemain de la seconde guerre, relégua quelque peu le compas magnétique parmi les instruments nautiques du passé, bien que l'obligation d'un compas-étalon classique eût été décidée, et il est encore employé à bord des navires de guerre et de commerce.

Revenons maintenant aux roses des premiers compas. Les nombreuses reproductions de cet ouvrage, et particulièrement celles qui sont extraites du livre du capitaine Schück, suffiront à nous convaincre de leur diversité. Cependant, de grandes constantes existent pour les roses des compas européens. La rose sidérale arabe à 32 divisions prévalut sur la rose cosmogonique des Chinois, qui comporte 12 ou 24 divisions, bien que la rose du grand « Roteiro » de Garcie Ferrande (1483) apparaisse à 24 divisions. En Occident, les 32 rhumbs de vent furent d'abord en faveur. Le terme de compas (en anglais *compass*) donné à la boussole marine vient de l'usage d'un compas, instrument de dessin utilisé pour tracer les roses géométriques (roses compassées). Et puisque nous en sommes à l'étymologie, rappelons à ce propos que le terme de boussole reste obscur. Les Espagnols, qui l'appellent *brújula*, pensent que ce nom provient de *bruja* (sorcière), mais *buxha*, boîte, d'origine grecque, est aussi possible.

Aux 32 divisions de 11° 1/4, ou rhumbs (*rumbos* espagnols), correspondent les noms des 4 points cardinaux : orient, ponant, midi, septentrion (ce dernier des 7 bœufs qui tirent les étoiles Grande et Petite Ourse), et ceux des principaux vents connus : libeccio (de Libye), sirocco (de Syrie), gréco (de Grèce), et ceux encore inventés

22

par raison de symétrie. Depuis 1932, par accord international, les roses ne portent plus que les initiales conventionnelles N, S, E, W, avec parfois les valeurs intermédiaires : NE, SW, etc., mais déjà, depuis 1900, la division en quarts avait cédé le pas à la division en degrés.

Les roses en papier, imprimées en taille-douce et rehaussées éventuellement de couleurs, apparaissent avec le développement de cette technique au milieu du XVIᵉ siècle. Collées sur carton, puis sur feuille de mica ou de talc (silicate de magnésium), indéformables et insensibles à l'humidité et à la chaleur, les roses seront, dès la fin du XIXᵉ, imprimées sur corozo (ou ivoire végétal), matière transparente intéressante pour les compas liquides et pour l'éclairage par transparence, le fond des cuvettes étant garni de verre.

Les pastilles de cire ou les plombs, qui équipent certaines roses anciennes, servent à compenser la composante verticale du champ magnétique.

# Le compas de relèvement

Appelé compas de variation, le compas de relèvement servit d'abord à mesurer effectivement la variation du compas, grâce à l'observation de la position du soleil à midi ou à celle de la Polaire, comparée avec le nord-sud du compas.

Un fil tendu sur la boîte carrée extérieure qui contenait le compas suffisait à cette comparaison : ligne nord-sud et ombre solaire à midi. Néanmoins, dès le XVIᵉ siècle, les compas à trois boîtes, montées à la cardan, comportent six fenêtres alignées, munies de réticules, à travers lesquels on peut viser un point à terre et porter un relèvement, lieu géométrique. On dut très vite s'apercevoir que les relèvements par trois points, si précis qu'ils fussent, donnaient un grand « chapeau », faute de connaître la déviation et la déclinaison avec précision, et cela d'autant plus que le compas de relèvement était transporté d'un point à l'autre du navire, vers un endroit d'où l'observation était aisée. On l'installait sur un corps mou (glène de filin, paquet de voiles) et deux observateurs, l'un visant, l'autre notant la lecture, procédaient aux relèvements.

Malgré quelques améliorations, le compas « azimutal » à alidade axée sur le pourtour de la rose et pivotant de 90° restait un instrument déplaçable bien primitif. Pezenas le décrit dans *Astronomie des marins*, 1766, et on le trouve toujours florissant dans le *Cours de navigation* de Bézout, en 1814.

Mais, si incroyable que cela puisse paraître, le compas à trois boîtes cardan, et à viseur, est encore décrit dans le *Vade-mecum du marin*, de Guépratte, en 1835, et ce n'est qu'en 1870 que l'on trouve, dans le *Cours de navigation* de Caillet et Dubois, la description de compas de variation à poste fixe à bord, avec alidade à pinnules liée au couvercle de la rose et pivotant au centre. L'exemple anglais du *standard compass* avait fait école.

Des modèles à alidade centrale à pinnules existaient cependant dès la fin du XVIIIᵉ, comme le prouvent les pièces conservées. N'était-ce pas, en effet, l'application logique de l'alidade de l'astrolabe à une couronne utilisée à plat ? Mais peut-être y avait-il le problème du percement des trous centraux dans les verres.

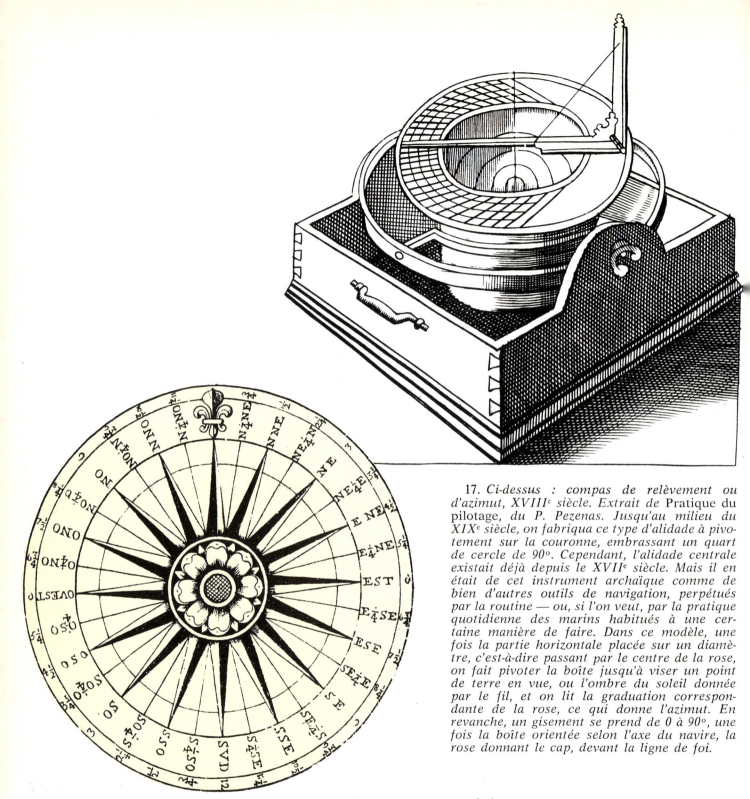

17. *Ci-dessus : compas de relèvement ou d'azimut, XVIIIᵉ siècle. Extrait de* Pratique du pilotage, *du P. Pezenas. Jusqu'au milieu du XIXᵉ siècle, on fabriqua ce type d'alidade à pivotement sur la couronne, embrassant un quart de cercle de 90°. Cependant, l'alidade centrale existait déjà depuis le XVIIᵉ siècle. Mais il en était de cet instrument archaïque comme de bien d'autres outils de navigation, perpétués par la routine — ou, si l'on veut, par la pratique quotidienne des marins habitués à une certaine manière de faire. Dans ce modèle, une fois la partie horizontale placée sur un diamètre, c'est-à-dire passant par le centre de la rose, on fait pivoter la boîte jusqu'à viser un point de terre en vue, ou l'ombre du soleil donnée par le fil, et on lit la graduation correspondante de la rose, ce qui donne l'azimut. En revanche, un gisement se prend de 0 à 90°, une fois la boîte orientée selon l'axe du navire, la rose donnant le cap, devant la ligne de foi.*

16. *Rose de compas sec graduée en quarts,* in : Science et pratique du pilotage, *par Yves Valois.*

*Roses de compas. Planche extraite de l'ouvrage du capitaine Schück,* Der Kompass. ►

24

Fig. 1.  16. Jhdt.
Portugiese.  Firenze.

Fig 2.  1556.
Martin Cortez.  Sevilla.

Fig. 4.  1557.
D-ns Home.  L. Fincati.

Fig. 5.  1560.
Diego Homen.  Venezia.

Fig. 10-16.
Diegus Homem.  Dresden.
1568.

Fig. 3.  1556.
Angelus Eufreditus.  Mantua.

Fig. 6.  1563.
Jaume Olives.  L. Fincati.

Fig. 10.

Fig. 11.

Fig. 14.

Fig. 13.

Fig. 7.  1567.
Joan Martines.  Paris.

Fig. 8.  16. Jhdt.
Bartolomeo Olives.  Roma.

Fig. 12.

Fig. 17.  16. Jhdt.
Unbekannt.  Venezia.

Fig. 16.

Fig. 9.  16. Jhdt.  Fig. 15.

Fig. 18.  1579?
Jaques de Vaulx.  Paris.

Fig. 19.  16. Jhdt.
Ende
Unbekannt.  L. Fincati.

A. Schieck
1907-1910

18. *Compas sec à plusieurs usages, d'époque Louis XVI, comme en témoignent les poignées de transport. La rose, imprimée en taille-douce (Bertin sculpt.), porte la marque : Le Graveran-La Rochelle, sans que l'on sache s'il s'agit du fabricant de la rose ou de l'ensemble. Deux fenêtres dans l'axe de la boîte permettent les visées pour les relèvements à terre. Un verre coloré est prévu pour les horizons très lumineux. Sur le dessus, un miroir pivotant permet la mesure de l'azimut des astres. Les verres colorés servent pour la vision directe du soleil.*

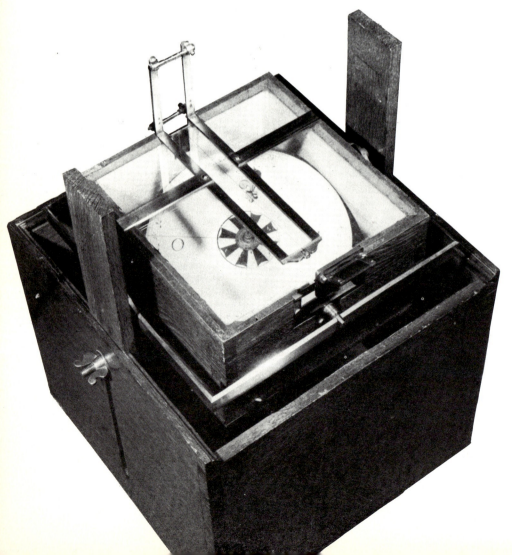

19. *Compas de relèvement, type sec, construit par Chardon (1779). La rose colorée est en papier et imprimée en taille-douce. Pour l'observation, l'appareil est dégagé de sa boîte en noyer, grâce à deux glissières latérales qui soutiennent le cardan (bloqué au repos). La boîte comporte deux fenêtres de visée, à fil de réticule. Un verre coloré rouge est prévu. Sur la rose : « Nouveau compas de variation à réflexion. Approuvé par l'Académie Royale des Sciences. Par le sieur De Gaulle, de l'Académie Royale des Sciences de Rouen et hydrographe au Havre, chés (sic) qui se trouvera cet instrument. Il n'en sera vendu aucun dont l'essay n'en ait été fait en mer. 1779. »*

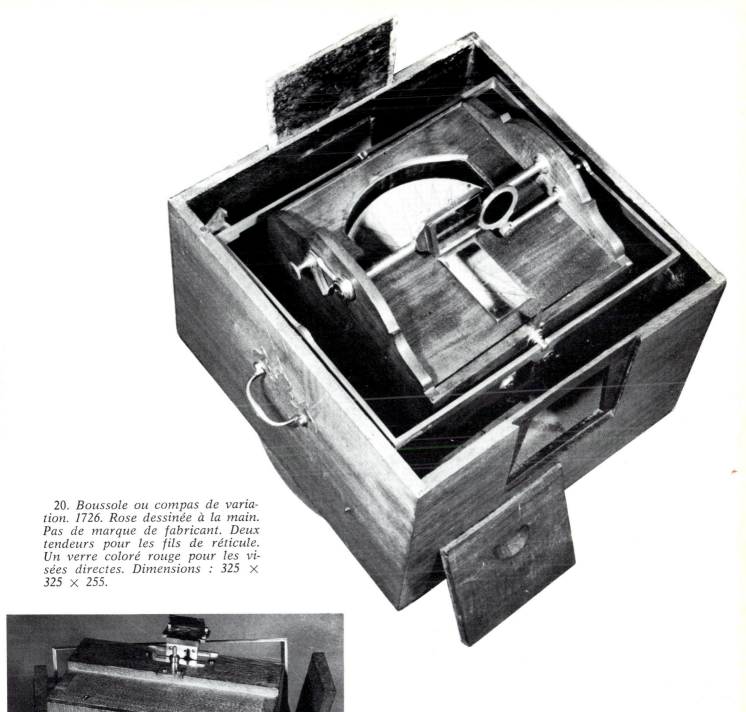

20. *Boussole ou compas de variation. 1726. Rose dessinée à la main. Pas de marque de fabricant. Deux tendeurs pour les fils de réticule. Un verre coloré rouge pour les visées directes. Dimensions : 325 × 325 × 255.*

21. *La très ingénieuse disposition de quatre pièces d'ivoire, supports d'une couronne de laiton sous la rose même, permet (quand l'appareil est remis au fond de la boîte grâce à ses glissières) de soulager la rose, donc la chape, sur le pivot et d'éviter l'usure de la pointe. La couronne, qui apparaît ici oxydée, constitue le contrepoids en plomb de la cuvette du compas.*

27

# Le compas compensé

Dès 1650, il est fait état des déviations du compas à bord, déviations dues aux masses ferreuses, mais on les néglige par principe, faute de pouvoir tenir compte de leurs effets. En 1801, sur l'*Investigator*, Flinders s'attaque au problème et tente d'apporter une solution, grâce au cylindre de fer doux qui équipe toujours les habitacles de type Thomson et qui porte simplement le nom de « Flinders ». L'habitacle à double « gisole », ou à deux habitacles, continuait à abriter les compas de route, et c'est autour de ces constructions fixes à bord que se firent les recherches de Barlow, en 1824 (premier système de boules compensatrices), et celles, plus générales et théoriques, sur les fers durs et doux du navire par le mathématicien Denis Poisson (1781-1840). Enfin, les recherches pratiques sur la compensation par le mathématicien anglais Archibald Smith aboutirent à la formule que l'on connaît et qui est universellement employée. D'autres noms de marins savants : Johnson, Airy, Scoresby, restent attachés aux travaux sur le magnétisme, et ceux-ci prenaient évidemment une importance capitale, puisque à bord des navires en fer le compas magnétique non compensé n'avait plus aucune utilité à cause de ses indications désordonnées.

Les travaux de sir William Thomson (lord Kelvin) aboutirent à la création de l'habitacle de compas de route et de compas de relèvement que l'on connaît. Un haut fût de bois met le compas à hauteur de

*Lord Kelvin (sir William Thomson)*

*Petit habitacle de compas magnétique pour caboteur ou yacht. Anglais, fin XIXᵉ. Boules sur potences et correcteurs aimantés dans le fût, à l'intérieur d'alvéoles diamétraux, à angle droit, sous les baguettes vissées selon les génératrices.*

28

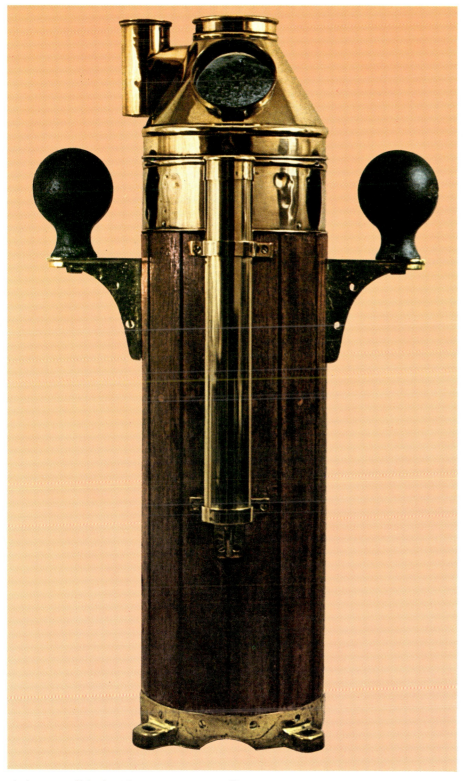

Grand habitacle de compas magnétique type Thomson, à boules et aimants permanents latéraux et longitudinaux dans le fût. Sur l'avant de l'habitacle, le système correcteur dit : Flinders. A l'intérieur du fût, éclairage électrique et correction des déviations à la gîte par un aimant de bande. Dans le capot de laiton se trouve une vérine à pétrole pour l'éclairage de secours. On remarque, dans l'embase, les pattes à trous allongés pour le réglage précis de la ligne de foi, par pivotement de quelques degrés de l'ensemble du fût.

visée par alidade. Il est recouvert d'un capot et comporte à l'extérieur les supports des boules compensatrices ainsi que le tube de Flinders. A l'intérieur se trouvent les aimants permanents transversaux et latéraux et, au centre, l'aimant de bande indispensable aux voiliers qui restaient pendant de longues semaines avec la même gîte dans les parages des vents dominants.

22. Compas d'embarcation, marqué sur le pourtour : « Boussole à relèvements, perfectionnée par P. Touboulic - Brest n° 20 ». Il s'agit là d'un modèle réglementaire de compas second Empire, à aimant circulaire Duchemin. L'alidade mobile à pivot central comporte un miroir pour la lecture des graduations en même temps que l'on vise un relèvement.

23. « La terre par le bossoir bâbord ! » Scène de la vie à bord d'une frégate-école à voile, vers 1880. Selon l'usage de l'époque, on amenait un trépied porte-compas de relèvement en un point dégagé de la dunette pour relever les amers à terre, cela au grand mépris de toutes les considérations sur les déviations causées par les fers du bord (artillerie, pièces métalliques de mâture, etc.). Pointe sèche de Léon Paris.

24. *Habitacle à deux compas, avec fanal au centre. Cette disposition, commode pour l'homme de barre, qui avait toujours devant lui un compas de référence, qu'il soit d'un côté ou de l'autre de la barre, avait cependant le grave défaut de faire réagir un compas sur l'autre. En 1730, Duhamel du Monceau et Bigot de Morogue avaient fait remarquer l'influence réciproque des compas et, en 1760, d'Après de Mannevilette la calcule avec précision l'estimant de 5 à 6°. Dix ans plus tard, l'ingénieur De Gaulle, trouve sur certains navires jusqu'à 26° de déviation réciproque. Mais on sait que la déclinaison était encore très contestée à cette date. Pedro de Medina, en 1545, dans son Arte de navegar, l'avait même totalement niée.*

25. *Compas sec avec habitacle de laiton et compensateurs, pour montage sur console à bord des petits bâtiments de commerce ou de plaisance, par G. Heckelmann, Hambourg.*

*Habitacle en bois pour voilier caboteur, du type à trois comparti-ments : deux compas et lampe. Devant l'habitacle, trois compas type sec, des XVIII$^e$ et XIX$^e$ siècles.*

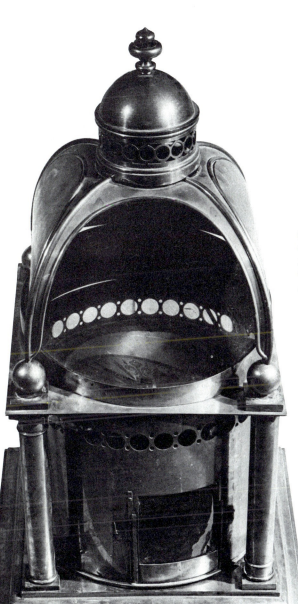

26. *Habitacle de compas de route,*
*modèle réglementaire. Ces habitacles*
*allaient par paire, ils étaient équi-*
*pés de compas secs. On remarque*
*en avant la glace pour l'éclairage*
*par fanal à pétrole. C. 1835.*

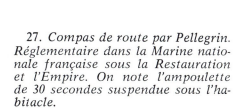

27. *Compas de route par Pellegrin.*
*Réglementaire dans la Marine natio-*
*nale française sous la Restauration*
*et l'Empire. On note l'ampoulette*
*de 30 secondes suspendue sous l'ha-*
*bitacle.*

33

28. *Compas d'embarcation de E. Dent & C°, 51, Strand & 4, Royal Exchange, London. Largeur de l'habitacle 22 cm, hauteur totale 38 cm. Habitacle à trois vitres et glace supérieure. Deux positions d'éclairage pour la vérine à chandelle (Deck candle, Royal Navy), type fanal de fiacre, utilisable comme fanal à main. Dans le fût du compas, un tube de stockage pour chandelle de rechange et blocage du cardan pour le transport. Rose de 11 cm. Compas liquide à chambre d'expansion. Chape en saphir, pivot à pointe d'iridium. Sous les repose-pieds de vérine, on note les anneaux d'arrimage du compas. Ce modèle, très répandu en Angleterre — Dent Patent, n° 1583 — porte le n° 51068.*

29. *Haut d'habitacle, type Thomson, avec ses vérines d'éclairage et une demi-loupe de lecture par W. Ludolph, Bremerhaven. La cuvette est marquée : 1924 n° 384.*

30. *Habitacle de compas de l'ancien yacht royal britannique Victoria and Albert.*

31. *Taximètre Dumoulin-Froment, vers 1890. Dans le fût colonne : l'éclairage électrique. La rose transparente imprimée sur verre est montée à la cardan. Une alidade de relèvement est fixée sur pivot central. La partie rose et cuvette peut se démonter par deux vis diamétrales, quand le fût est recouvert de son capot pour les intempéries. La manette à axe central qui traverse le fût sert à régler l'éclairage par auvent. Ce modèle de taximètre, réglementaire dans la Marine française, équipa les premiers forts bâtiments de construction métallique.*

35

## La boussole a registre du capitaine Arthur et la boussole a télégraphe

« *La pièce principale ajoutée à la boussole ordinaire, dans ce compas original, est d'abord un mouvement d'horlogerie qui fait monter et descendre un crayon le long d'un cylindre vertical pouvant lui-même tourner sur son axe. Le cylindre porte douze lignes horizontales à égales distances, pour correspondre aux douze heures du jour ou de la nuit. Il porte en outre des lignes verticales correspondant à toutes les divisions de la boussole. Le cylindre est orienté de manière que sa ligne nord-sud coïncide avec la même ligne de la boussole. Toutes les fois que le navire dévie de cette direction, un levier coudé, fixé à la partie supérieure du cylindre, se trouve pressé par l'un des deux plans inclinés placés à la partie supérieure de l'appareil, et cette pression fait dévier le cylindre soit à droite, soit à gauche, ce qui produit un trait correspondant du crayon. Le papier qui couvre le cylindre indique donc à la fois l'heure et le sens de la déviation, c'est-à-dire la marche du navire. Toutes les pièces de l'appareil sont en bronze pour éviter les déviations. Un autre système proposé consisterait à mettre l'aiguille de la boussole, toutes les minutes, en communication avec un appareil télégraphique particulier qui inscrirait dans la cabine la direction suivie par le navire.* » (*Extrait du* Journal of the Royal United Service Institution. *Publié dans* Revue maritime et coloniale, 1871.)

*Bien qu'aucune pièce n'ait été conservée de ces deux systèmes de boussoles à registre, nous avons cru intéressant de publier ces indications qui concernent un système mécanique utilisé par la suite dans son principe pour les contrôleurs de route.*

32. *Ce très bel habitacle de compas, type Kelvin, est certainement un modèle de démonstration pour école. Il porte la marque* « Sir William Thomson's patent 1876, nº 149, White-Glasgow ». *On note les aimants compensateurs et leur système de réglage dans le fût. Le clinomètre manque.*

# La perfection
# du « magnétique »

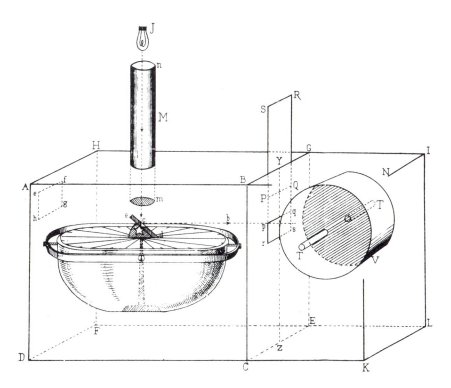

33. Marque de la firme
Kelvin, Bottomley & Baird
de 1914 à 1944

Les idées de *la Mécométrie de l'aymant, ou l'art de trouver la longitude par la déclinaison*, de Guillaume le Nautonnier, 1603, n'avaient pas été abandonnées au XIXe siècle, moins que jamais même, puisqu'on s'employait depuis Halley à cartographier les isogones. Halley avait publié en 1700 une carte qui comportait un méridien de déclinaison nulle et un changement de sens de la déclinaison (ce qui était une nouveauté). De plus, Halley avait émis l'hypothèse de 4 pôles magnétiques : 2 fixes, 2 mobiles, et il prévoyait des interpolations dans le temps et dans les lieux, pour l'évolution des déclinaisons (ce qui était tout à fait faux). Et l'on ne désespérait pas de se servir de ces cartes de magnétisme pour obtenir un jour un lieu géométrique, à condition de posséder un compas assez précis, affranchi des erreurs de déviation des bords, pour permettre de mesurer la déclinaison au 1/10 de degré près. On remarque que cette idée de réseaux n'est autre que celle qui fut plus tard appliquée pour les aides radio-électriques : Decca, Loran, Toran, etc. Donc on croyait à la perfection du compas magnétique, et il importait aux marins de la seconde moitié du XIXe de calculer avec précision les déviations du bord. C'était alors la grande affaire, et nombre de « dromoscopes » et de « dromographes » fleurirent, qui permettaient de réguler et de compenser, sans pour autant immobiliser les navires. Et comme toujours, c'est au moment où le compas magnétique atteignait son plus haut degré de perfection qu'il fut détrôné par un appareil d'un principe entièrement différent, qui annulait d'un coup des siècles de recherche : le compas gyroscopique.

34. *Le contrôleur de route d'Edouard Bech, professeur de navigation, présenté à l'Exposition internationale de Bruxelles en 1897, mettait à profit les principes de la plaque photographique pour réaliser un enregistreur de cap ingénieux.*

*Le cap une fois déterminé, on règle le petit miroir (ou le prisme), situé au centre de la rose, pour que le rayon lumineux de la lampe J y vienne, après réflexion, coïncider avec la ligne de foi YZ. Dans la boîte de droite, un tambour déroule, grâce à un mouvement d'horlogerie, un film photographique au « gélatinobromure d'argent », que le rayon lumineux impressionne. Le film, développé, permet non seulement de « moucharder » le timonier, mais de tracer la route réelle en fonction des variations du cap suivi. Dans la présentation de son appareil, nous trouvons les lignes suivantes du constructeur : « Le contrôleur de route, œil vigilant fixé de façon constante sur la rose du compas, dont le témoignage écrit est irréfutable, nous paraît appelé à rendre à la navigation des services sérieux et à en augmenter la sécurité dans une large mesure. Son emploi engagera le timonier à gouverner avec exactitude, restreindra les erreurs de route et, par suite, les pertes de temps qui en sont les conséquences, réduira les frais de navigation, diminuera le nombre des naufrages, permettra aux armateurs et aux assureurs de se créer des ressources et, enfin, épargnera bien des morts stériles à la grande famille des marins. »*

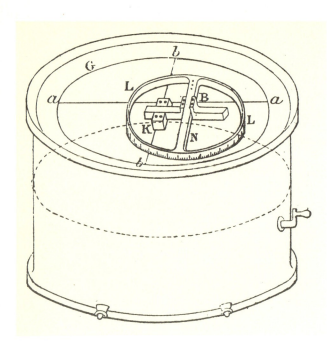

# Dromoscopes
# et dromographes

**35.** *Dans la* Revue maritime et coloniale *de mai 1889 paraissait, sous la plume du lieutenant de vaisseau H. de Kérillis-Calloch, un article dont voici quelques extraits :*

« *Depuis longtemps le monde savant s'était fortement ému des terribles accidents causés par l'ignorance de la déviation des compas. Ce fut d'abord Poisson qui établit sa belle loi philosophique du régime des déviations. Après lui, Smith parvint habilement à l'emprisonner dans une formule élégante et précise. Mais les calculs compliqués qu'elle exigeait la maintinrent toujours en dehors du domaine pratique et tandis que l'on poursuivait la découverte de lois nouvelles les déviations devenaient si exagérées à bord des navires en fer que la nécessité de la compensation s'était déjà imposée. Sur les cuirassés d'escadre, l'aiguille, entourée de canons énormes, de tourelles et de kiosques blindés, devenait folle. C'est alors que parut la belle invention de sir William Thomson. Les écarts de l'aiguille se trouvèrent réduits à leur minimum. Mais ces précieux avantages n'ont de valeur que dans une sphère restreinte, car la compensation était locale et à l'atterrissage dans un autre hémisphère, toute la compensation est à refaire. Il faut entreprendre une autre régulation et donc immobiliser le navire pour compenser en vue de terre sur rade.* »

*Or le précieux instrument du cdt Fournier, le « dromoscope », venait d'être inventé permettant la régulation (c'est-à-dire l'établissement de la courbe de déviation) par deux observations seulement. L'inventeur présentait son instrument de la façon suivante :*

*La formule d'Archibald Smith donne la déviation des compas sous la forme :*

$$d = A + B \sin Cc + C \cos Cc + D \sin 2 Cc + E \cos 2 Cc.$$

*Le dromoscope est une ingénieuse règle à calcul qui, une fois mise au point, effectue d'elle-même toutes les opérations ci-dessus et donne immédiatement le cap corrigé de la déviation correspondant à un cap quelconque du compas. C'était un précieux appareil utilisé à l'époque avec le compas Duchemin et pour l'usage duquel le lecteur se reportera à la revue citée en référence.*

*Mais dans la notice de l'ouvrage sur le dromoscope paru chez Gauthier-Villars en 1885 on peut lire sur l'origine de cet instrument :* « *Le dromoscope est un instrument qui reproduit mécaniquement la loi de la variation avec le cap du navire. Le premier instrument de ce genre fut inventé par M. Paugger, officier de la Marine impériale d'Autriche et sa description se trouve dans* Pauggers Patent Dromoscope, oder Curs Corrector, *paru à Trieste en 1876.* »

**36.** *Un des premiers habitacles pour yachts, par la firme Hugues.*

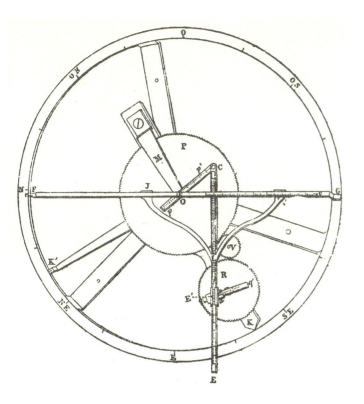

37. *L'enseigne de vaisseau de la Marine impériale russe Alexandre Krylow, inventeur d'un* course corrector, *justifie sa réalisation :* « La construction compliquée des deux appareils précédents (Paugger et Fournier), le premier peu pratique, le second trop théorique, m'a incité à en construire un troisième. » *Dans son appareil, Krylow, s'inspirant du tracé des dygogrammes-ellipses du cdt de Collongue, reproduit mécaniquement le mouvement décrit par le vecteur magnétique résultant qui influe sur le compas en fonction des caps suivis. C'est donc la force directrice. A partir des trois coefficients A, B, C de Smith, on a ainsi :* d *à tous les caps.*

*L'appareil est donc intéressant car il suit la déviation.*

*A consulter :* le Traité de la déviation des compas et des dygogrammes, *de J. Belavenetz, Saint-Petersbourg, 1872. En russe.*

38. *Le correcteur de route, ou* course corrector, *du capitaine Monti, du Lloyd autrichien, date de 1878. Contrairement aux instruments précédents, il n'a pas pour but d'établir la courbe de déviation, mais il la suppose connue et tracée à une échelle donnée en coordonnées polaires. C'est en général une ellipse plus ou moins aplatie (en pointillé) avec, pour centre de coordonnées, l'axe O de l'appareil. Le bouton/axe A, placé sur un point de la courbe B, donne le cap magnétique et C, automatiquement, le cap compas.*

*Il est évident que du profil de la glissière K dépend la correction de déviation et l'inventeur posait a priori le principe d'une courbe de déviation semblable pour des types de bâtiments identiques, afin de produire ces appareils en série.*

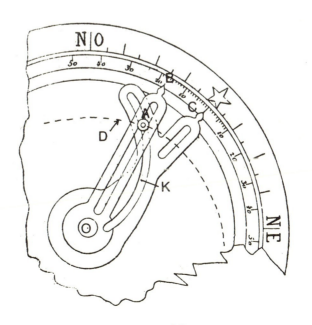

# Mesurer
# le chemin
# parcouru

## Du loch à bateau
## au sillomètre

39. *A bord du voilier* Garthsnaid
« *à filer le loch* ».

Si la conquête de la direction, premier élément de l'estime, grâce au compas magnétique avait été une rude affaire, depuis la rose d'Amalfi jusqu'au compas d'habitacle Thomson, la maîtrise de la vitesse, autre élément du point estimé, prit tout autant de temps. Les meilleurs sillomètres n'apparurent qu'à la fin du XIXᵉ, pour disparaître au début du XXᵉ (tout comme le « magnétique », chassé par le « gyro »), au moment où les tours d'hélice donnaient un aussi bon compteur de milles.

Jusqu'à la fin du XVIIIᵉ, tous les grands voyages furent faits à l'estime, faute d'autres moyens, et en particulier celui de calculer la longitude. Mais à partir de l'invention des distances lunaires — méthode sans chronomètre — les chauds partisans de la méthode astronomique attaquèrent férocement la bonne vieille routine des marins qui continuaient à « estimer », sans vouloir utiliser les nouveaux procédés. Voici ce qu'en dit M. Levêque dans son *Guide de navigation :* « La variation de la boussole est rarement connue avec précision à la mer. L'ignorance ou le peu de soin des timoniers fait que les élans ne sont jamais compensés les uns par les autres. L'estime n'est qu'un composé informe de parties rapportées, dont chacune est plus ou moins fautive. En conséquence, les résultats fournis par cette voie ne peuvent approcher de la vérité que par une compensation d'erreurs presque miraculeuse et qui est toute au désavantage de cette méthode. Qu'on ne vienne donc point nous citer les atterrages étonnants. Ils sont presque tous fabuleux. D'ailleurs, leur nombre est si petit, comparé à ceux dont les erreurs font frémir, qu'ils ne peuvent être d'aucun poids aux yeux d'un homme non prévenu qui connaît la marine et les subterfuges aussi maladroits que ridicules qu'emploient les pilotes pour donner un air d'exactitude à leur travail, lors de

Les instruments de l'estime : de gauche à droite petit compas de Bonnet à Paris, compteur et hélice de loch « Cherub », rapporteur à branche de Lerebours, à Paris.

40. « *A filer le loch à bateau.* » *Tandis qu'un des matelots tient le touret haut levé pour que la ligne file librement, le second matelot compte les nœuds qui passent, prêt à arrêter la ligne lorsque le mousse annoncera la fin du sablier. On note aux pieds des matelots un touret et un loch de rechange dans une baille support-égouttoir réglementaire. Dessin de Morel-Fatio.*

la vue de terre, ou des apparences qui en annoncent le voisinage. »

Tout cela était vrai et sans doute est-ce sur le chemin parcouru que les erreurs se révélaient les plus considérables, surtout lors des voyages en longitude, tant qu'il n'y eut aucun moyen de vérification (voyage de Colomb), comme la méridienne de soleil utilisée pour contrôler les chemins le long des méridiens.

Loch vient de *log*, ou bûche, morceau de bois jeté à l'avant du navire et dont on mesurait le temps de passage jusqu'à l'arrière, donc sur une distance connue. Une règle de trois donnait la vitesse. Faisons un petit calcul d'erreur simple. Un bâtiment marchant à six nœuds parcourt 11 112 mètres par heure, soit 3,1 m par seconde. Les grands voiliers de l'époque, faisant quelque 35 m de long, pouvaient donc, à 6 nœuds, compter 11,3 s entre le lancé et le passage de la bûche à l'arrière. En supposant la bûche lancée trop à l'avant, ou trop à l'arrière, le moment de touchée de l'eau mal topé, une dérive au vent, un entraînement par le sillage, le retour du morceau de bois sur le dos de la vague ou une appréciation douteuse du passage à l'arrière, on pouvait avoir jusqu'à 2 secondes d'erreur ; ce qui sur un temps court de 11,3 s, plus ou moins 2 s, conduit à 5 fois 2 s par minute, soit 10 fois la vitesse de parcours par seconde : 3,1 m/s, donc 30 m. En 1 heure, on atteint donc 1 800 m, soit environ 1 mille marin. On aboutit ainsi à 24 milles marins d'erreur par jour et, au bout de 40 jours de voyage (il y avait souvent bien plus long, de Grasse mit 90 jours pour rejoindre la Chesapeake depuis Toulon), à 1 440 milles — près de 3 000 km ! — en plus ou en moins. On peut imaginer que les erreurs ne sont pas toutes dans le même sens et se compensent pour une part, mais même la moitié, 1 500 km, est encore une grande distance. Il y

41. *Compteur de 15 secondes pour ligne de loch. Cet appareil intéressant fut réalisé pour tenter d'affranchir les observations au loch des erreurs d'appréciation de la fin de passage du sable dans les sabliers. En effet, il était très difficile d'apprécier ce moment, surtout la nuit, sans fanal, ou par gros temps. Cet appareil, qui date du milieu du XIX<sup>e</sup> siècle, est une sorte de passe-boules étalonné. Une boule mise dans un trou, en haut et à droite, au moment du top (passage du premier nœud de la ligne), roule sur 5 plans inclinés avant de sortir en bas à gauche dans la main de l'observateur, qui avertit le fileur de ligne d'arrêter le dévidement. On mesurait sur le temps court de 15 secondes. Bien entendu, l'appareil ne peut fonctionner que verticalement au risque de fausser les mesures, d'où la suspension par anneau de bélière.*

avait donc tout intérêt à veiller de très près à la mesure unitaire des vitesses.

Le premier loch en progrès sur la bûche est décrit par William Bourne dans *A regiment for the sea*, 1577. Ce loch apparaît par la suite dans tous les traités de navigation : Gunter, 1623, Snellius, 1624, P. Fournier, 1643. C'est un plateau lesté, ancêtre du loch à bateau, et c'est le seul qui ait bravé le temps, puisque les inventeurs ne manquèrent pas si l'on en croit Marguet. Citant Vitruve, il parle d'une roue à aubes le long du navire, roue dont on comptait le nombre de tours grâce à des cailloux tombant dans un vase, à chaque nombre entier de révolutions. En 1607, Crescentius parle d'un manomètre à « vent relatif » (sans doute le vent apparent), qui enroule $x$ mètres de ficelle, proportionnellement au chemin parcouru.

Tout cela supposait néanmoins qu'on s'entendît sur la longueur du mille et, dans le cas du loch à bateau, sur la valeur du nœud. La première mesure, due à Richard Wright, 1589, donne, pour le rayon de la Terre, 5 580 km, longueur trop faible de 800 km. Norwood mesure, pour le mille, 1 866,6 m à la chaîne d'arpenteur et préconise des nœuds théoriques de 51 pieds et des nœuds pratiques de 50 pieds pour tenir compte de l'entraînement de la ligne. C'était beaucoup mieux, car on en était jusque-là à 42 pieds, ce qui, selon l'opinion des pilotes du temps, « garantissait la sécurité des atterrissages », car, en comptant des vitesses trop grandes, on était supposé arriver bien avant l'heure, donc veiller à temps !

La pratique y gagnait ce que la science perdait, et la science, représentée en France par Chabert, Bouguer, Gaigneur, Radouay, protestait énergiquement contre les pilotes.

*Pilotage et calcul.* En haut *: longue-vue française à trois tirages avec pare-soleil, gainée de cuir tressé.* Au centre *: étui de mathématiques, par Butterfield, comportant, outre un nécessaire de dessin, compas à crayon et à encre, compas à pointes sèches et molette ; deux équerres : l'une graduée en pouces du Rhin, l'autre en pouces français, et un pied-de-roy-échelle de calcul.* En bas *: une règle parallèle à rouleaux.*

*Plateau de loch ou « renard », signé G. Touboulic, Brest, milieu XIXe. Jusqu'à la fin de la marine à voile, la navigation à l'estime fut l'objet de perfectionnements incroyables, au-delà de ce que l'on pouvait raisonnablement attendre des évaluations instrumentales et de l'appréciation même des erreurs. Le « renard » de Touboulic est l'un de ces instruments à raffiner les données du tracé de la route sur la carte. La rose centrale est à neuf couronnes de trous concentriques, selon chaque demi-heure de quart. Elle précise le demi-rhumb, soit une route suivie à 6° près. Des marques en laiton servent à afficher ces routes. Autour, pour chaque heure du quart de quatre heures, et de zéro à 90°, un tableau circulaire pour la dérive au vent ! Entre les deux graduations, une couronne de chaque bord permet de ficher la variation (déclinaison + déviation) de 0 à 45° (on voyait large). En bas : onze lignes de dix trous (à gauche) sont prévues pour noter les milles parcourus, de 0 à 10 (et sur ce point on voyait court, aucun bateau n'ayant sans doute dépassé 10 nœuds selon l'expérience du constructeur). A droite, en bas ; affichage de la vitesse en dixièmes de mille, vitesse relevée au loch à bateau, c'est-à-dire une mesure faite à la demi-seconde, ce qui nécessitait un sérieux coup d'œil de la part du préposé à l'ampoulette. En bas, au centre : un petit tableau estimatif de la précision de gouverne du timonier, toujours accentuée d'un bord, comme on le sait.* ▶

# CONSTRUCTION
## ET USAGE
# DU SILLOMÉTRE,

INSTRUMENT nouvellement inventé, deftiné à obferver en Mer le fillage des Vaiffeaux en dixiemes parties de lieue par heure, l'angle de la dérive à la précifion d'un demi-degré, & par lequel on trouve avec la plus grande facilité la pofition la plus avantageufe d'un Vaiffeau relativement à fa marche.

Publié fous l'Approbation de l'Académie Royale des Sciences.

INVENTÉ par M. DE GAULLE, Ingénieur de la Marine, de l'Académie Royale des Sciences, Belles-Lettres & Arts de Rouen, & Profeffeur d'Hydrographie au Havre, le feul chez qui on puiffe fe procurer cet Inftrument.

M. DCC. LXXXII.

42. *Page de titre de l'ouvrage de De Gaulle, ingénieur hydrographe, inventeur d'un « sillomètre » — 1782. L'auteur fait honnêtement remarquer que le nom de « sillomètre » a été donné pour la première fois par le chevalier de Fleurieu, capitaine de vaisseau, directeur des ports et arsenaux du royaume. Ce nom était d'ailleurs bien trouvé puisque l'appareil consistait à mesurer le « sillage », ou « seillage », qui avait à l'époque le sens de vitesse du navire.*

43. *Planche hors texte, extraite de l'opuscule du constructeur. On voit que cet indicateur de vitesse instantané n'est au fond qu'un dynamomètre. Les deux plombs tronconiques, figurés à droite du dessin, étaient l'un ou l'autre remorqués, immergés, par le navire et offraient une résistance étalonnée. L'appareil pivote sur son axe, indiquant également les degrés de dérive, qui étaient une donnée intéressante pour le tracé du point estimé. Dans l'opuscule figure en nota : « Cet instrument s'exécute au Havre, chez le sieur Arnal, maître fondeur-artiste, mais on ne pourra s'en procurer qu'en s'adressant à l'auteur. »*

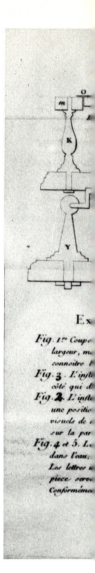

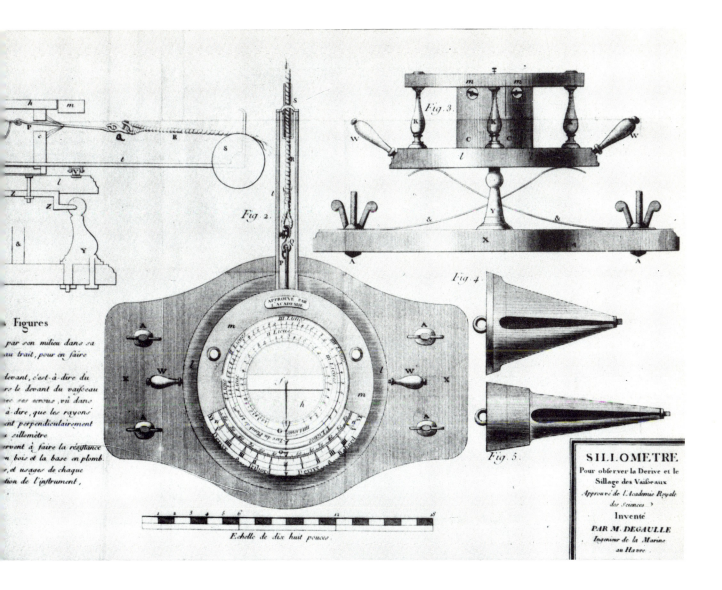

Figures

par son milieu dans sa
au trait, pour en faire

devant, c'est-à-dire du
rs le devant du vaisseau
ne ses ecrous, vû dans
à dire, que les rayons
nt perpendiculairement
a sillomètre
rvent à faire la résistance
n bois et la base en plomb.
s, et usages de chaque
tion de l'instrument,

Fig. 2.

Fig. 3.

Fig. 4.

APPROUVÉ PAR
L'ACADEMIE

Fig. 5.

Echelle de dix huit pouces.

SILLOMETRE
Pour observer la Derive et le
Sillage des Vaisseaux
Approuvé de l'Academie Royale
des Sciences
Inventé
PAR M. DEGAULLE
Ingenieur de la Marine
au Havre.

**44.** *Contrairement à de nombreux
appareils qui n'ont existé qu'en épu-
res, le « sillomètre » de l'ingénieur
De Gaulle a été réellement fabriqué,
sans doute par petite série, mais on
en trouve néanmoins quelques modèles, tel celui figuré ici.*

*Les systèmes de lochs-dynamomè-
tres ont tenté beaucoup de constructeurs. Un loch réglementaire a été
proposé par Bouguer. Il consistait en
un boulet de canon remorqué et immergé à une certaine profondeur,
l'angle d'inclinaison de la remorque
permettait d'évaluer la vitesse du
navire.*

Petit renard, laiton sur bois, plus « raisonnable » dans son usage maritime que l'appareil sophistiqué de Touboulic. Sans marque ni date, il comporte douze roses concentriques de 32 aires de vent, chaque rose correspondant à une demi-heure d'un quart de six heures (ces quarts interminables étant la règle sur les bateaux à deux officiers). En bas, le renard comporte 4 lignes de 10 points, pour marquer les vitesses en nœuds. On raffinait moins sur la vitesse, qu'il fallait prendre au loch à chaque 1/4 de quart, soit toutes les heures et demie, pour un quart de six heures. C'était en effet une opération pénible avec le loch à bateau. En revanche, la précision du quart de nœud est applicable en bout de ligne, grâce aux fiches.

45. Foxon's hydrometer. By the King's patent, n° 43. *Dû à William Foxon, charpentier à Deptford dans le Kent, cet appareil comporte une boîte en bois, percée de trois ouvertures vitrées pour les cadrans. Cet appareil n'est autre qu'un des premiers modèles totalisateurs de loch, sa patente date de 1772. Les trois cadrans des compteurs sont gradués en 12 parties, divisées elles-mêmes en parties décimales, chaque cadran comportant donc 120 divisions pour permettre des calculs horaires élaborés. La grande roue au haut de l'appareil, dont l'axe est directement dans le prolongement de la ligne remorquée, joue le rôle de volant régulateur. L'appareil était utilisé avec une ligne sans torsion de 30 m et une hélice géométrique à pas très long, qui cependant, en raison même de son principe, ne pouvait donner que des résultats douteux, surtout par gros temps, comme le fit remarquer James Cook, utilisateur de l'appareil lors de son second voyage.*

La lieue terrestre avait à l'origine « la valeur du chemin parcouru en moyenne en une heure par un voyageur à pied ». Cette mesure vague fut gardée pour les routes sur l'Océan, tandis qu'en Méditerranée on pratiquait le mille. Colomb avait compté 14 lieues et un sixième au degré de longitude, et finalement, au temps du père Fournier, le grand cercle terrestre à l'équateur comptait 5 400 lieues d'Allemagne, 6 300 d'Espagne et 7 200 de France. La lieue marine de France et d'Angleterre, soit 20 lieues au degré, s'imposa, reconnue par le *Neptune françois* de 1693, et fut reprise telle quelle par le Service Hydrographique, à partir de 1720. La lieue marine comprend donc 3 milles, de la valeur de 1' à l'équateur. Un mille vaut 10 encablures (il s'agit de câbles de 100 toises ou de 120 brasses, et le nœud correspond à la vitesse de 1 mille à l'heure).

Que dire des sabliers de 30 minutes, usés, trop courts, que l'on proposait d'étalonner grâce à un pendule de la demi-seconde, défini par Le Gaigneur : en fil de soie de 24,8 cm, avec une balle de plomb de 7 à 9 mm et un écartement de lancement de 8 à 11 cm !

46. *Loch de Massey, breveté en
1802. Porte en gravure : « T. Massey,
London. » Trois cadrans : 1/8 de mille, milles, dizaines de milles. Le dernier modèle enregistrait 100 milles.
Longueur 28 cm. Comporte à l'intérieur une vis sans fin et des couronnes dentées de démultiplication,
comme dans les lochs Walker ultérieurs. Un couvercle complète le
compteur. L'appareil était traîné,
immergé, en position horizontale
fixe, grâce à ses ailerons de stabilisa-
tion, et comportait une hélice entraînant le mouvement du totalisateur.
Il fut en usage dans la marine jusqu'au milieu du XIX<sup>e</sup> siècle.*

47. *En haut : loch de Massey,
compteur et rotor. En bas : loch de
Gould (Gould Patent, Boston c.
1800). Le cadran est gradué en milles, dizaines et centaines de milles.
L'hélice-rotor est à ouverture variable, grâce à une vis et un cône, ce
qui permet, sans changer le pas,
grâce à l'ouverture des pales, de corriger les effets de la cavitation selon
la vitesse.*

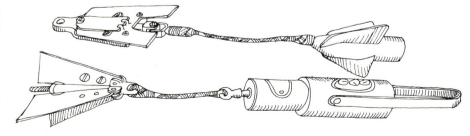

## LOCHS A HÉLICES

N° 24. **Loch à traîne** à trois cadrans, donnant les unités, les dizaines et les fractions de mille (1.855 mètres), tout cuivre poli et verni, dans une boîte sapin.

**Loch N° 1**, avec aileron, Fig. 6, la pièce.....

*Fig. N° 6*

N° 25. **Loch à traîne sans aileron.**

Prix : la pièce

N° 26. **Ligne de Loch** tressée, le kilog..........

N° 27. **Sabliers** 15 et 30 secondes, la pièce......

48. *Annonce de revendeur de matériel hydrographique et nautique. Le compteur de loch est du type Walker, taffrail log, ou loch de couronnement, monté à l'arrière dans un sabot de blocage.*

49. *Page d'un catalogue de ship-chandler de Saint-Malo, vers 1890. Le loch à traîne, à compteur incorporé, est du type Walker qui figure sur la jaquette de cet ouvrage.*

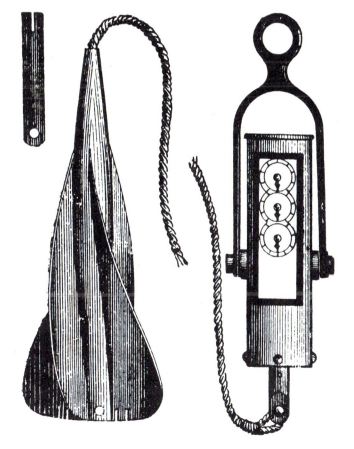

50. *Premier modèle de loch à compteur, de type américain, diffusé en Europe. Le réglage exact de la vitesse de rotation de l'hélice remorquée se faisait grâce à des traits de scie dans les pales.*

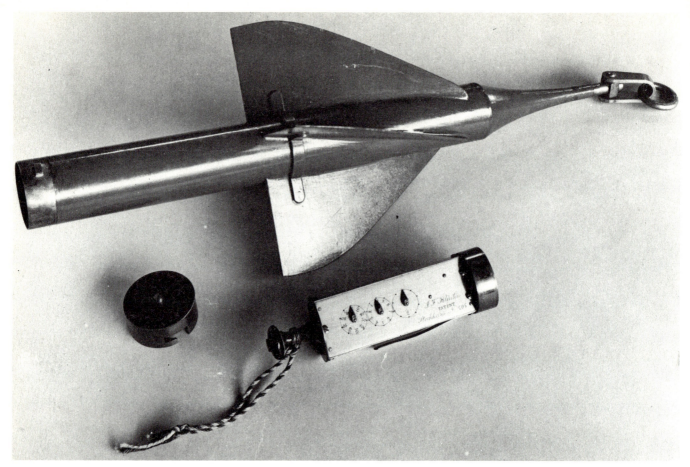

**51.** *Loch de P.F. Klinlin. Patent, Stockholm, n° 405. Cet intéressant modèle de loch à traîne se remorque à l'arrière au bout d'un traînard rigide. Les pales montées sur le tube mobile qui contient le compteur font tourner celui-ci, le point fixe étant constitué par l'avant fuselé de l'appareil. Il est nécessaire de remonter le loch et de retirer le compteur du tube pour consulter le nombre des milles parcourus.*

Vers 1770, Goimpy perfectionnait l'étalonnage du loch grâce au calcul des points d'erreur : chaînette de la ligne, entraînement du sillage. Pitot, dès 1732, avait proposé un système qui est à l'origine du loch de pression contemporain et dont on se servait grâce à une table. Bouguer, en 1773, voulant avoir la vitesse sur le fond, immergea à 50 pieds le bateau du loch, croyant qu'à cette profondeur les courants ne jouaient plus. Puis il donna un second système avec un boulet de canon immergé : on mesurait l'angle d'inclinaison de la ligne remorquée. Le système de l'ingénieur De Gaulle, qui figure dans ce livre, fut réalisé effectivement en 1782, mais ne donnait que la vitesse instantanée, sans totalisateur. Le premier loch à moulinet connu semble dû à un inventeur allemand, Wallot (1768) ; il comportait un compte-tours et fut essayé sur *l'Enjouée*. Le loch de Foxon est de 1772. Mais c'est vraiment Massey qui, en 1802, donne le branle à une série de lochs mécaniques dont seront issus les lochs Walker et Gould.

52. *Compteur de loch Plath, marqué « Sillomètre », pour fonctionner avec hélice Cherub, de Walker. Ce modèle allemand, fabriqué à Hambourg par la grande maison d'instruments nautiques, date de 1870.*

# LE PILOTE
## EXPERT.
### DIVISE' EN DEUX PARTIES.

*LA PREMIERE Contient l'Explication des Termes de l'Art de Naviger & le moyen de trouver la moyenne Parallele de differentes façons, & ce que c'est que moyenne Parallele.*

Le moyen de reduire les lieuës de Longitude en degrez par l'Echelle Angloise. Les Tables pour trouver la difference en Latitude & Longitude.

La Variation de l'Aimant. La qualité de la Pierre d'Aimant; de sa vertu inclinative des lieux où il se trouve; de sa bonté, & de son utilité.
Les Tables des Amplitudes Ortives ou Occases.

*LA SECONDE Contient les Deffinitions de la Sphere. Les Ephemerides du mouvement du Soleil. Les Tables Sexagenaires; celles de sa Déclinaison, & celles de ses Afcenfions droites, avec les noms des principales Etoiles du Firmament.*

Le tout avec de bonnes & justes Démonstrations.

### Par le Sieur DASSIE C. R.
✱✻❦✻✱
## AU HAVRE DE GRACE.
Chez JACQUES GRUCHET, Imprimeur & Libraire de Monseigneur le Duc de S. Aignan, & de la Ville.

M. DC. LXXXIII.
*AVEC PRIVILEGE DV ROY.*

53. *Page de titre de l'ouvrage de Dassié. Le Havre, 1683.*

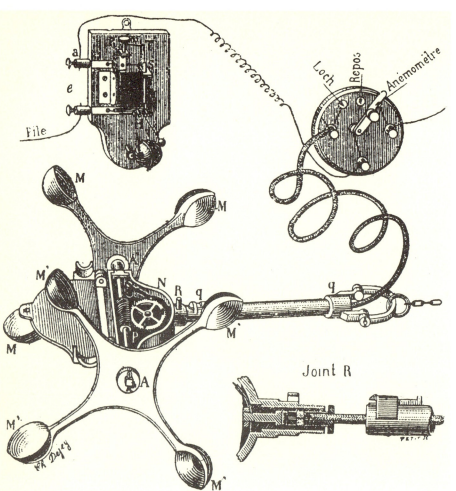

**54.** *Loch électrique Fleuriais.* Ce loch à double moulinet a fait l'objet d'un essai à bord du cuirassé l'Océan, *en baie de Quiberon, en juin 1888. Pour des coupelles distantes de 25 cm, et pour un tour par seconde, la précision est d'environ :*

$$4,85 \text{ nds} < V < 4,89 \text{ nds.}$$

*Aux grandes vitesses, plus de 10 nœuds, le loch n'a plus aucune précision. La remorque est un quarantenier de 60 mm de circonférence, à 4 torons, dont l'un est constitué par le conducteur électrique lui-même. Des genopes en fil à voile, faites de mètre en mètre, empêchent la distorsion du fil. Le mécanisme est simple, une boîte étanche renferme un système de vis sans fin entraînée par les roues à coupelles, la vis entraînant elle-même un pignon équipé d'un téton qui, à chaque tour, établit un contact électrique.*

*La sonnerie tinte donc à chaque tour complet de la roue dentée. Une table donne la vitesse du bâtiment en fonction du temps écoulé entre deux tintements. On remarque que l'inventeur avait aussi pensé à utiliser ce principe pour un mesureur de vitesse du vent ou anémomètre, comme en fait foi la deuxième position sur le contacteur de sonnerie, venant sans doute d'une roue à coupelles au haut du mât.*

L'électricité apparaît à bord des navires de l'Etat avec les premières machines de Gramme, et l'on utilise également les piles pour produire de faibles quantités de courant. Le loch électrique à coupelles de Fleuriais date de 1888. Entre-temps, nombre de systèmes à transmission par air pulsé ou par impulsions électriques voient le jour.

La mesure du mille a été fixée à 1 852 m, et pour ceux qui emploient encore le loch à bateau, à bord des voiliers, avec une ampoulette de 30 s, le nœud théorique mesure 15,43 m, et le nœud pratique 14,62 m, pour corriger l'entraînement. Le loch type Walker a fait de tels progrès qu'il donne des vitesses surface au 1/20. Ce type de loch sera en usage jusqu'au lendemain de la seconde guerre mondiale, utilisé sur les vapeurs, conjointement avec le nombre de tours d'hélice (assorti du recul qui tient compte de l'état de la coque), afin d'estimer le chemin parcouru.

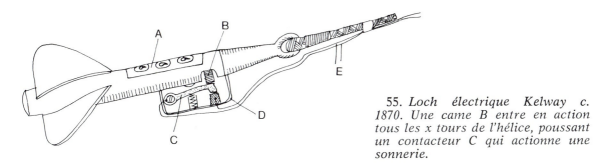

55. *Loch électrique Kelway c. 1870. Une came B entre en action tous les x tours de l'hélice, poussant un contacteur C qui actionne une sonnerie.*

56. *Sillomètre expérimental du Lt V. Banaré, essayé à bord de l'aviso à vapeur le Corse, en 1868. L'appareil comporte une hélice H, soutenue par un châssis C et un liège L. Un piston actionné par bielle et manivelle, elles-mêmes entraînées par l'hélice, transmet par le soufflet S des impulsions à un soufflet S' qui agit sur un compteur totalisateur. Cet appareil ne semble pas avoir connu une quelconque exploitation industrielle ; cependant, il est intéressant dans son principe, utilisé cent ans plus tard, comme on sait, en automatisation, pour la régulation par air pulsé à bord des bâtiments modernes.*

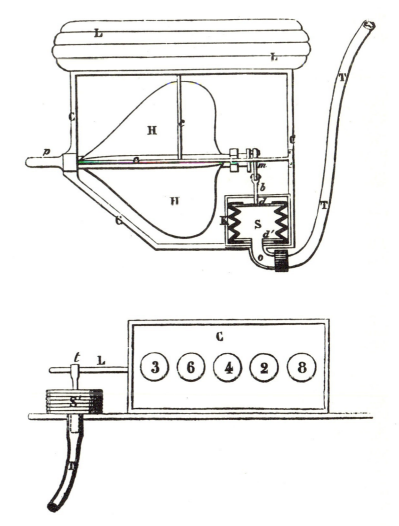

# Porter le point

## La carte et le tracé de la route

L'idée de représenter la Terre à plat est vieille comme le monde. Nombre de systèmes de projection ont été utilisés pour cela, mais la carte marine ne devait justement pas être tirée d'une projection géométrique, mais de calculs plus abstraits. Les premiers graphiques à tracer des marins furent les portulans. Encore s'agit-il de distinguer les « portulans-livres », description de la côte avec figures (qui s'appellent *portolanos* en Méditerranée, *roteiros* au Portugal et *rutters* en Angleterre), des « portulans-cartes ».

La carte pisane, la plus vieille carte marine, conservée à la Bibliothèque nationale à Paris, est l'un de ces portulans-cartes. Ces cartes, bâties par petits morceaux de projections planes rapportées, ne pouvaient évidemment servir aux marins que par fragments. Le « marteloire », réseau de roses des vents dont le tracé avait été codifié, n'apportait aucune solution aux problèmes de navigation. Il n'y avait pas d'échelle, ni de longitude ni de latitude.

Tout autant que celui de la longitude, le problème de la loxodromie a été une des difficultés majeures de la navigation. La loxodromie est, par définition, la route que, de lui-même (sans le vouloir pour ainsi dire), le navire suit, en faisant, grâce à la boussole, un cap toujours égal avec le méridien. La représentation de cette route particulière, qui n'est ni un petit ni un grand cercle du globe (orthodromie), ne viendra qu'avec la carte de Mercator. Le géographe flamand Gerhard Kremer, dit Mercator, publia sa première carte en 1569. Elle est déduite de son globe de 1541, sur lequel les loxodromies étaient à peu près exactes quoique tracées par approximation.

La carte de Mercator est la vraie carte du marin, longtemps appelée « carte réduite » (non qu'elle fût petite ou limitée à une portion étroite du globe) en raison de son utilité pour résoudre graphiquement ou réduire les éléments de la route : chemin nord-sud (différence en latitude), chemin est-ouest (longitude), comme on faisait grâce au quartier de réduction. On ne doit pas oublier, avant Mercator, Pedro Nuñez, professeur de mathématiques à Coimbra, qui donna les premiers rudiments de la loxodromie. Et après Mercator, il faut rendre hommage à Ed. Wright, qui est le père de la « loi du canevas », cette loi qui règle la dilatation de chaque point du méridien. Wright, avec une extraordinaire patience, calcula la longueur du mille pour chaque minute de latitude, de 0 à 89° 59′.

Mais avant Mercator, et bien des années après aussi, coexistèrent, outre les portulans-cartes (par routes et distances), deux systèmes de représentation. Il y avait d'abord les *cartes plates*, figurations du monde pour une petite portion de la sphère, où l'on pouvait confondre un morceau de calotte sphérique avec un plan. Ces cartes, ne conservant pas les angles, ne pouvaient être utilisées par les marins que dans de très petites zones. La première carte plate, ou carrée, graduée en latitude, qui comporte des degrés de longitude et des parallèles de latitude (cependant à égale distance), est portugaise et date de 1485. Ensuite venaient les cartes par *routes et hauteurs*, avec les seuls parallèles de latitude. Assuré d'une bonne route et d'une bonne latitude, on pouvait donc trouver sa longitude.

Dès 1640, les Flamands imprimèrent les cartes, supprimant ainsi les erreurs des copistes et rendant accessible, par le nombre et le prix, cette aide à la navigation. C'est à cette époque que fleurissent

*Premières Heures, du pilote Jacques Devaulx, Le Havre, XVᵉ siècle. Une des faces du globe terrestre, reflet des connaissances géographiques de l'époque. La ligne équinoxiale désigne l'équateur. Plus au sud, on ne sait aujourd'hui ce que représentaient les tracés précis de la « Terre des Grands Vents » et de la « Terre des Tourmentes » ou du « Gouffre austral ». En revanche, une esquisse de l'Australie, avec le golfe de Carpentarie, est des plus surprenantes. Quant à la « Terre australe incognue », c'était, en image, la conception des géographes pour ce continent antarctique, qui devait logiquement compenser le poids des terres, concentrées au nord de notre globe. Comment ne pas rêver sur une telle image du monde, où l'on va, porté par la mousson de suroît, des « Iles Tristes » au large du « Chef de Bonne-Espérance », jusqu'à l'« Arabie Heureuse ».*

Ici est la figure de lautre moitie du globe terrestre par laquelle est demonstré les terres qui sont esleuez sur lhorison de ceulx qui habitent mesmes en læquinoctial qui ont les deux polles en leur horison assauoir larticque & lantarticque & qui sont eslongez en oposite & point contraire des habitans de la precedente figure ci deuant assçauoir de 90 degrez loin du grand meridien fixe en la partie orientalle dicelluy ou aparoit les terres de lheurope africque & asie &c.

Par ceste presente figure est demonstré toutes les terres qui sõt cacheez desoubz lhorison de lautre figure ci deuant & aussi par mesme moyen est entendu que les terres de lautre diste figure sont ausi chasez desoubz lhorison de ceste presente figure de maniere que lune desdistes figures demonstre tout ce qui doibt estre esleué desus lhorison du point du milieu & lautre figure demonstre ce qui doibt estre chasé desoubz

57

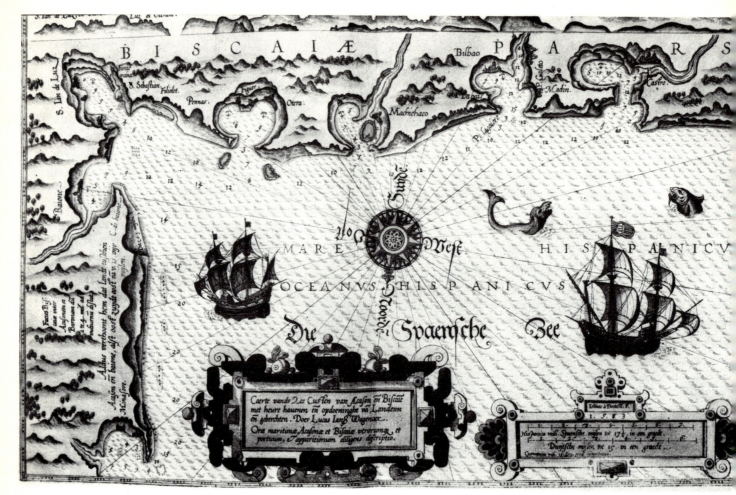

57. *Extrait de l'Atlas de Lucas Janszoon Wagenaer, 1583, pour le fond du golfe de Gascogne, depuis le bassin d'Arcachon jusqu'à Bilbao. On remarque en haut à gauche les ports de Bayonne et de Saint-Jean-de-Luz. Des profils de côte sont donnés dans le haut de la carte. Un certain nombre de points de sonde sont portés en brasses. Figurent également les bancs et les mouillages recommandés. En bas à droite, dans le cadre : les échelles en mules espagnols et hollandais. Aucune échelle de latitude ni de longitude ne figure. Selon l'usage de l'époque, la carte est très ornée et le cadrage du dessin des terres s'harmonisant avec le format rectangulaire de la carte, la rose des rhumbs suit le tracé de la carte, le nord en bas.*

les rapporteurs (« roses mobiles d'airain ou de corne transparente », selon le P. Fournier) et les règles parallèles. Stevin, physicien flamand, inventeur des mots loxodromie et orthodromie, proposait des équerres perfectionnées pour le tracé de ces routes complexes sur la carte et sur le globe. Les cartes étant désormais pour la plupart réduites, l'usage du quartier de réduction tomba quelque peu en sommeil.

La formule des latitudes croissantes s'améliora en 1772, pour tenir compte de l'aplatissement de la Terre. Vers la fin du XVIIIe, le relief terrestre apparaît aussi sur les cartes marines, pour reconnaissance de la côte en vue de la terre et, vers le début du XIXe, il semble se faire une sorte d'unification des signes et symboles dans tous les services hydrographiques. Mais on est encore loin d'avoir cartographié l'ensemble du monde, et pour cela les services hydrographiques se partagent la couverture cartographique, qui ne prendra fin que vers 1880 pour les régions les plus visitées. En 1920, on en sera encore à reprendre des détails, on complétera les vides et l'on rectifiera surtout les longitudes, souvent erronées. Marguet cite, en 1722, des erreurs énormes sur les cartes du Dépôt des cartes et plans de la Marine, pour le cap de Bonne-Espérance, pourtant bien fréquenté. Quant au cap Horn, à la même époque, on le donne par G = 61° 36' ouest et L = 51° 5' sud, au lieu de 67° 30' ouest et 55° 43' sud. On sait aujourd'hui que c'est une erreur de plus de 30' sur la longitude de la carte de Belin qui est à l'origine du naufrage de *la Méduse*. De ces erreurs, considérables avant la pratique des chronomètres, il restait encore nombre de longitudes à revoir et, aujourd'hui encore, sur les cartes du S.H., qui mentionnent toutefois les régions douteuses.

58. The seaman's practice, *par Richard Norwood, 1644. L'ouvrage comprend un diagramme amovible en papier découpé comme cela se faisait à l'époque. Déjà envoyé aux Bermudes en 1622 pour une mission d'hydrographie, entre 1633 et 1635, Norwood mesura à la chaîne d'arpenteur la distance entre Londres et York, pour établir la longueur d'un degré de méridien. C'était la première mesure de ce genre en Angleterre, mesure d'ailleurs erronée de 600 yards, mais cependant en rapport avec les moyens du temps. La préoccupation majeure de Norwood était la longueur du mille marin, estimée par lui à 2 040 yards, soit 12 yards de trop C'est lui qui donna 51 pieds pour la distance entre deux nœuds de la ligne de loch utilisée avec un sablier de la demi-minute. Norwood est censé avoir découvert l'inclinaison de la boussole dès 1576.*

# THE
# SEA-MANS
## PRACTICE,
### Contayning
## A FVNDAMENTALL
PROBLEME in Navigation,
experimentally verified :

Namely,
*Touching the Compaſſe of the Earth and Sea, and the quantity of a Degree in our Engliſh meaſures.*
ALSO,
An exact Method or forme of keeping a reckoning at Sea, in any kinde or manner of Sayling.
With certaine Tables and other Rules uſefull in Navigation. As alſo in the Plotting and Surveying of places.
*The Latitude of the principall Places in* ENGLAND.
The finding of Currents at Sea ; and what allowance is to be given in reſpect of them.

By RICHARD NORWOOD, Reader of the
*Mathematicks.*

LONDON,
Printed by T. FORCET for *George Hurlock*, and are be ſold at his Shop neere St. *Magnus* Church. 1644.

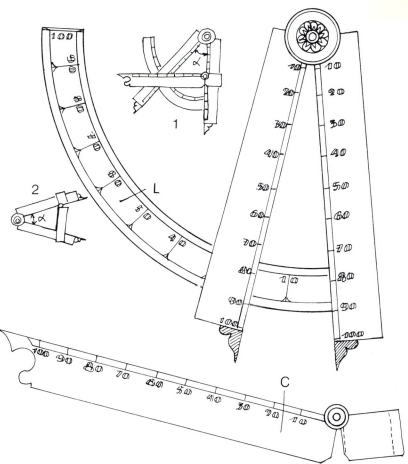

59. *Le secteur de Thomas Hood, 1598. Ancêtre de la règle à calcul et de la machine à calculer, ce secteur permet de résoudre graphiquement les problèmes trigonométriques. Grâce au limbe circulaire L, l'angle d'ouverture du secteur est défini. Le curseur C sert ensuite à constituer l'angle droit du triangle pour déterminer les valeurs des sinus, cosinus et tangentes (1), ou bien, en appliquant la réglette, grâce à la charnière, sur les deux lignes égales correspondantes, on peut trouver la valeur de la corde (2). D'autre part, des extrémités du secteur en forme de pointe de compas peuvent aussi rendre des services. On peut lire sur les annonces commerciales du temps, qui présentent le secteur de Hood :* These instruments are wrought in brass in Elias Allen, dwelling out Temple Bar, near St. Clement Church, and in wood, by John Thompson, dwelling in Hasia Lane.

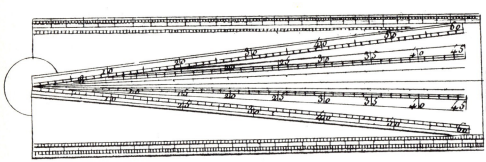

60. *Extrait de l'Encyclopédie — 1767 : « Pied-de-roi. Figure du haut ou face 1 : les divisions des bords représentent des pouces, les divisions de l'angle interne sont, pour la partie haute les degrés, avec, en bas, la correspondance en grades. Les divisions de l'angle externe sont les parties égales. Face 2 : les valeurs inscrites servent aux mesures, au compas, pour l'ouverture des branches du pied-de-roi aux angles correspondants. »*

61. *Usage pratique du secteur, ou pied-de-roi. Le secteur s'emploie impérativement avec l'aide d'un compas à pointes sèches. La première opération est la « mise en angle » (a). Selon les habitudes des constructeurs, on trouve, soit des lignes d'angles, en degrés ou en grades (c'est le cas de la figure), soit des lignes de cordes. Le compas ayant d'abord mesuré la valeur abstraite de 0 à 30°, par exemple, sur la ligne des degrés, on reporte cette longueur entre deux points du secteur désignés par le constructeur grâce à des marques spéciales. Le secteur forme alors un angle de 30°, utilisable pour toutes les opérations de trigonométrie qui concernent le triangle-rectangle, 30°, 60°, 90°. Dans la figure b, on se sert des lignes des parties égales (equal parts ou line of lines), divisées soit de 0 à 10, soit de 0 à 12. Chaque partie étant elle-même divisée en décimales.*

*De a, point 10, avec le compas, on trace la tangente à la ligne correspondante des parties égales. Cette valeur ab représente en grandeur ou bien cos β, ou bien sin α.*
*a b multiplié par lui-même devient $(ab)^2 = ac$, d'où le point c bien déterminé. Or $cb = ab \times sin\ α$, que l'on connaît, d'où le tracé précis du point b, d'où $Ob = Oa \times cos\ α$, d'où cos α, et tg α. En c est représenté le tracé des cordes sur un diamètre.*

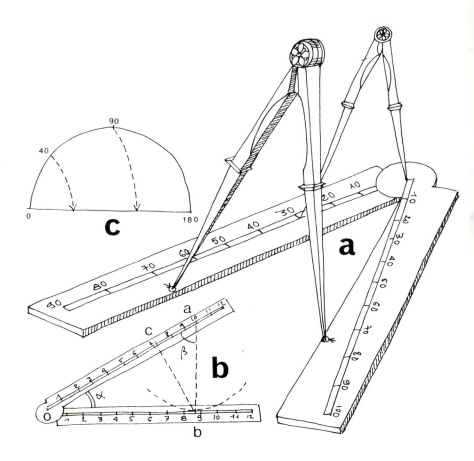

*Renard de navigation en bois. Allemagne. Début XIX<sup>e</sup> siècle. Outre leur usage d'aide-mémoire, pour les caps et les vitesses, les renards servaient aussi, quand ils étaient de petit format, de véritables rapporteurs, leur côté droit servant de règle, l'autre côté de l'angle était matérialisé par un fil partant du centre.*

# Les quartiers nautiques

Avant la publication généralisée des cartes à canevas de Mercator, au milieu du XVIIe siècle, la seule façon pour le navigateur de résoudre les problèmes de l'estime était de calculer les changements, en latitude et en longitude. Les abaques, instruments graphiques, furent préférés aux livres (tables de point) et c'est ainsi que naquirent le *quartier de réduction* et le *carré nautique*.

« Le quartier de réduction est un instrument très facile et très juste pour réduire les courses et singles des vaisseaux en mer, et, jusqu'à présent, on n'a pas trouvé de méthode plus courte ni plus juste que celle qui s'observe par le quartier de réduction, duquel je commente l'usage par le moyen parallèle. » Cette opinion est extraite de l'ouvrage de Blondel Saint-Aubin : *Le véritable art de naviguer par le quartier de réduction, avec lequel on peut réduire les courses de vaisseaux en mer, et enrichi de plusieurs raretés qui n'ont pas encore été découvertes* (sic).

En effet, la formule g = e.sec Lm, qui donnait le changement en longitude en fonction du chemin est-ouest et de la latitude moyenne, était déjà pratiquée depuis Gunter, qui l'avait indiquée en 1623. Bien que les tables de point aient déjà vu le jour (Norwood), le quartier de réduction était florissant en 1768.

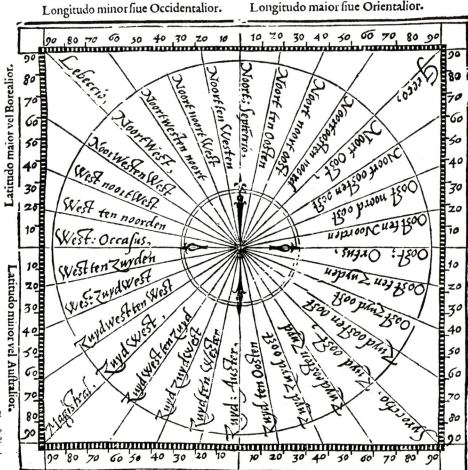

62. *Quartier nautique de Gemma Frisius. On trouve dans Blundeville, 1636, un quartier de même type appelé* Shipman's quadrant *ou* Mariner's quadrant.

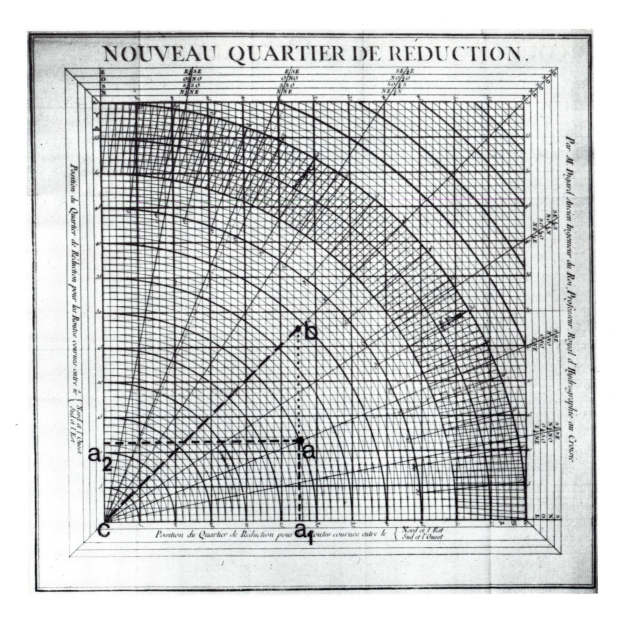

NOUVEAU QUARTIER DE RÉDUCTION.

**63.** *Nouveau quartier de réduction, extrait de :* Nouvelle Pratique abrégée de pilotage, *par Kerguelle. Cet abaque en usage courant à bord des navires, à partir du XVIIe siècle, réalisé sur métal, sur bois ou sur corne, et parfois tout simplement sur parchemin ou papier, par impression ou gravure, servait à résoudre graphiquement le problème du point exprimé. Ce que l'on fait de nos jours par la table de point.*

*On trouve : 1° Un carré divisé par un quadrillage de distances égales, destiné à reporter les coordonnées rectangulaires. Les multiples de 5 sont en trait fort, divisions de 0 à 60 ; 2° A partir de l'angle en bas à gauche, tracé d'un réseau d'arcs de cercle concentriques, de division en division, les multiples de 5 sont en trait renforcé ; 3° A partir de ce même point d'origine on trouve un faisceau de rhumbs de 11°,25 en 11°,25, soient huit par quart de cercle et 32 dans la rose du compas, avec leur équivalence en termes nautiques : ex. : ESE, NNE... ; 4° A la partie la plus externe se trouve une couronne divisée en degrés de 0 à 90° et un réseau de divisions par transversales, pour les fractions de degré.*

*Cet appareil graphique complet permettait de résoudre tous les problèmes de l'estime. Voici un exemple : un navire ayant parcouru 30' à l'ENE se trouve au point a de la carte. L'abaque étant pris pour carte plate, avec coin gauche bas pour point de départ, les chemins EW et NS sont les axes de coordonnées horizontal et vertical. e = 27'7, et l = 11'5. Pour avoir g on va faire sur le graphique*

$$g = e \times \sec Lm$$

*Si Lm, latitude moyenne, est par exemple 45°, on prolonge la verticale de a jusqu'en b et on lit cb = 39'2. On peut évidemment se servir du quartier pour les trois autres quarts de cercle de la rose. Le travail sur la carte réduite se faisait donc grâce à cet abaque de point.*

63

*Compas de route, à rose im-
primée en taille-douce, rehaus-
sée de couleurs. Monture à la
cardan. Par Joannes Van Keu-
len. Amsterdam, XVIIIᵉ.*

# Les ouvrages nautiques

Pendant longtemps, lecture et écriture ne furent pas les deux activités favorites des navigateurs. Jusqu'au XIXe siècle, l'analphabétisme était très répandu chez les pêcheurs, les caboteurs et souvent aussi chez les marins du large, et l'on comprend pourquoi les instruments graphiques : abaques, règles, outils de tracé, eurent tant de succès, reléguant au second plan les ouvrages imprimés.

Les premiers portulans-livres imprimés, donc répandus, datent du début du XVIIe. Ils sont hollandais et leur succès auprès des marins vient des nombreuses représentations des ports, mouillages, profils de côtes. C'étaient des livres de pilotage.

Les ouvrages de navigation pure, les tables, apparaissent très tôt et sont plutôt destinés aux astronomes, telles les *Tables alphonsines*, 1252 (publiées sous Alphonse le Sage de Castille). On y trouve les déclinaisons du soleil. En 1475, Regiomontanus public des *Ephémé-*

64. *Un de ces instruments dont le XVIe siècle était riche. Objet de curiosité scientifique, d'où les préoccupations de l'astrologie n'étaient pas absentes, à la fois cadran solaire, règle à calcul et mesureur. Ses règles d'emploi ne sont pas claires si l'on en juge par le sens ésotérique de ces étranges mentions de « globes de plumes, globes de fer ».*

65. « A la double barre d'un trois-ponts », vers 1840. Dessin de Morel Fatio. On remarque les compas de route du type réglementaire de l'époque et le matelot timonier qui prend note du cap pour l'afficher, sur le renard de navigation, vieil aide-mémoire traditionnel.

rides, puis ce sont les *regimentos* portugais. La *Connaissance des temps* apparaît en France en 1679, et en 1839 seulement l'*Annuaire des marées*. On utilisait jusque-là le calculateur circulaire de poche. Le manuel hollandais de Wagenaer (milieu du XVIe), considérablement augmenté, est repris en Angleterre dès 1588, sous le titre de *Waggoner* (traduction littérale incompréhensible, ayant subi le même mécanisme que *régiment* pour Regiomontanus). Le *Nautical Almanach* date de 1767.

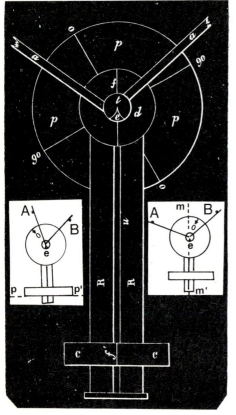

66. *Un instrument original pour les opérations graphiques sur la carte, invention du capitaine de frégate Serval, présenté en 1872 dans la* Revue maritime et coloniale.

*La méthode ordinaire pour porter un point par relèvements consiste à corriger ces derniers de la déclinaison et de la déviation, puis à tracer ces valeurs sur la carte à la règle Cras, par exemple. L'« opérateur graphique » simplifie et raccourcit les processus. Une rose entière graduée est d'abord corrigée dans son orientation de : d + D (déviation + déclinaison). Il n'y a plus qu'à orienter les bras a aux valeurs de Zc, lues sur le compas pour deux points relevés, par exemple, et, la barre CC étant posée sur un parallèle, on la fait glisser le long de ce parallèle puis l'on fait coulisser R à la demande, jusqu'à faire passer les deux branches a par les points relevés. Le point du bâtiment est alors porté au bout de l'index : e. A gauche, utilisation avec un parallèle pp'. A droite, utilisation avec un méridien mm .*

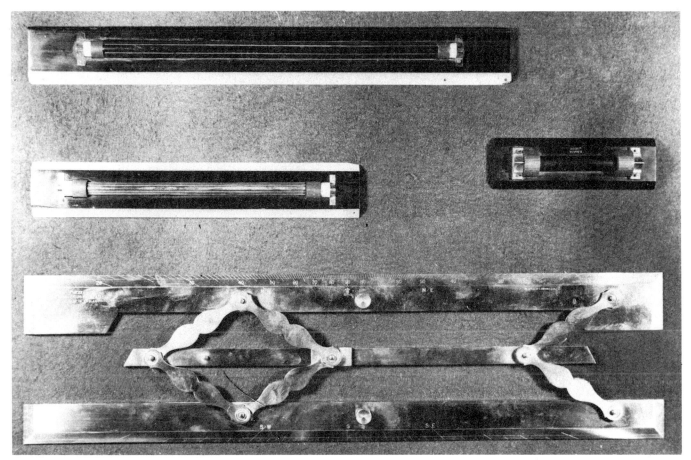

67. *Quatre règles parallèles de fabrication anglaise. Les trois du haut, de différentes dimensions, avec systèmes à rouleaux, réalisées en ébène. La règle du bas, modèle Hezzanith, à double développement, fin XIXᵉ siècle en laiton poli.*

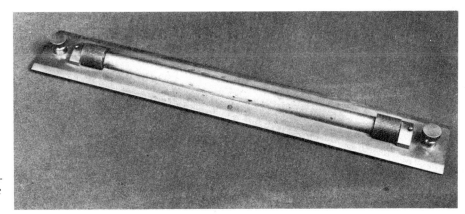

68. *Grande règle parallèle à rouleaux (50 cm) en laiton, marquée Astonmanda. Fin XIXᵉ.*

# 2
# Le pilotage pratique

## L'art du pilote

La notion de pilotage s'est modifiée au cours des siècles. Aux premiers temps de la navigation hauturière et jusqu'au XVIIIᵉ siècle, le pilote était le vrai navigateur du navire. L'expédition était commandée par le général, la manœuvre assurée par les officiers, mais la conduite nautique était du ressort exclusif du pilote. Ce fut, par exemple, le cas pour Pinzon, pilote de Colomb.

Au XVIIIᵉ siècle, l'instruction des officiers se développa avec l'apparition des premiers brevets. La navigation astronomique et l'estime furent désormais assurées par l'état-major des bâtiments et le pilotage prit un sens plus restreint de conduite du navire à proximité de la

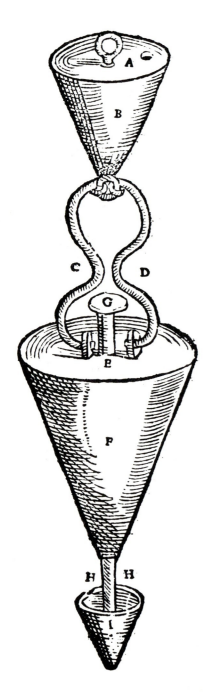

*69. Voici un étonnant instrument à mesurer les profondeurs dont la description figure dans l'ouvrage de Jacques Besson consacré au Cosmolabe — 1567. Rappelons d'abord ce qu'en dit l'auteur : « Mesurer le profond de la mer, sans chorde, en tout lieu en icelle donné, en temps calme, aussi iustement qu'on pourroit faire par la sonde, si elle avoit si grande estendue qu'elle peult atteindre jusques au fond d'icelle... Et ces deux principes se prouvent, pour ce que les choses graves de leur nature vont en bas et les légères montent en haut dans l'élément où elles ne sont destinées pour avoir leur lieu... Ensuite la forme de la figure par laquelle on peut mesurer le profond de la mer sans chorde, en quelque endroit ou profondité qui soient en icelle... Il restera seulement une difficulté à dissoudre (sic) c'est que les choses graves descendent plus vite vers le centre du monde que vers la circonférence, et les choses légères vont plus vite vers la circonférence que vers le centre. »*

*AB constitue l'élément léger, EF l'élément lourd. I est un cône terminé par un piston H et un poussoir G. On jette le tout à l'eau. L'appareil descend. Quand il touche le fond — I en premier — G écarte C et D, AB est libéré et remonte aussitôt. Si donc on a mis une clepsydre en marche au moment du lâché du « sondeur », on notera l'heure de la remontée du flotteur. Une table fonction de ce temps donnera la « profondité ». En effet, on a pu étalonner le temps de descente et le temps de remontée correspondant. On n'a donc pas besoin de connaître le moment où le sondeur touche le fond. Seuls inconvénients : la nécessité d'une mer calme, la grande précision du temps impossible à obtenir avec les sabliers de l'époque, la consommation de plombs perdus à chaque sondage.*

*Néanmoins la conception très moderne de cet appareil surprend quand on songe à sa date d'invention : 1567.*

terre. Le pilote — lamaneur pratique — était l'homme qui connaissait parfaitement une région délimitée avec ses fonds, ses passes, ses dangers. L'art du pilote consistait donc désormais à guider les navires vers les havres, grâce à la sonde et aux repères de la côte. Les instruments du pilotage ont sans doute bien changé de forme, mais les notions de fonds et d'alignements sont restées identiques même si l'on se sert de sondeurs à ultrasons, de jumelles à fort grossissement ou d'alignements radio-électriques.

# La mesure du fond

Un des premiers principes de la navigation étant de garder de l'eau sous la quille, il vint tout naturellement à l'esprit des pilotes de mesurer la hauteur d'eau, non seulement pour savoir si le fond montait à l'approche d'une côte inconnue, mais aussi pour se repérer par une « ligne de sonde » dans une région déjà hydrographiée.

Au lest de pierre des premières lignes de sonde se substitue bientôt celui de plomb, lourd et peu volumineux. L'unité de mesure évidente est la *brasse*, dont la dimension est la longueur de ligne prise à bras lors de la remontée de la ligne, grâce à un mouvement naturel. Jusqu'au XIXᵉ siècle, la sonde à main, cet instrument primitif, est exclusivement utilisée : ligne de grande sonde de plus de 20 brasses, avec des plombs de 18 à 25 livres (poids considérable à lancer et à remonter), ligne de petite sonde, pour moins de 20 brasses, avec des plombs de 5 à 7 livres.

*70. Le sondeur d'Edward Massey est bien connu. Inventé au tout début du XIXᵉ siècle, il se compose d'un très long plomb, coupé ici sur la photo, et d'un compteur. L'appareil, mis à zéro, est descendu. L'hélice rotor entraîne par l'intermédiaire d'une vis sans fin la couronne graduée en brasses, jusqu'au moment où le sondeur, parvenu au fond, est remonté. A ce moment, la partie haute, poussée par la pression de l'eau au cours du mouvement de remontée, déclenche le bloqueur de l'hélice. On note qu'il n'est pas nécessaire de sentir l'appareil toucher le fond pour obtenir une mesure exacte. Largué à la volée, l'appareil descend en enregistrant la profondeur et se bloque à la remontée. La précision est fonction du libre jeu des engrenages, donc de leur propreté et de leur graissage.*

*71. Sur le principe du sondeur de Massey, voici une variation mécanique due à un horloger de Saint-Malo, Duchemin, vers 1850. L'appareil largué librement, la couronne, ayant été mise à zéro, enregistre le nombre de tours d'hélice, fonction du nombre de brasses. La palette horizontale bloque l'enregistreur à la remontée.*

**72.** *Dérivé du système de Massey, voici le sondeur perfectionné de Walker qui comporte deux compteurs, l'un de 10 à 30 brasses, l'autre de 30 à 150, sorte de totalisateur qui reprend cinq fois les tours du premier. L'hélice est entraînée par la vis sans fin. Sitôt que le plomb touche le fond, il libère le bloqueur de l'hélice. Le comptage se fait donc à la remontée.*

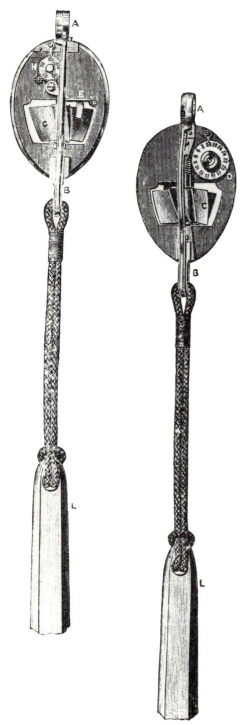

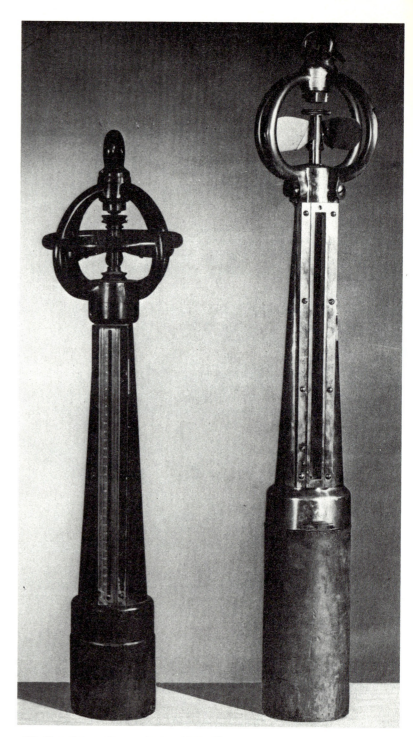

**73.** *Sondeurs français, système Le Coëntre, vers 1843, celui de gauche fabriqué par le constructeur Dufresne. Au lieu d'agir à la descente, l'hélice agit à la remontée. En effet, mise en butée par le curseur fin de course, elle ne peut se libérer que dans le mouvement ascendant. La lecture se fait sur l'échelle longitudinale, en face du curseur.*

74. *Pratique de la ligne de grande sonde. C'était une opération délicate, même avec un bâtiment sans vitesse, en raison des courants qui pouvaient donner une forte inclinaison à la ligne, en raison aussi du poids du plomb (15 à 20 kg) et du poids de la ligne, en raison enfin de la difficulté de sentir le fond par 150 m, quand celui-ci était de vase molle. Gravure de Morel Fatio.*

# LA PRATIQUE
## DU
# PILOTAGE.
### OU
### SUITE DES ELÉMENS
### DE PILOTAGE.

*Par le P. PEZENAS, de la Compagnie de JESUS, Professeur Royal d'Hydrographie à Marseille.*

A AVIGNON,
Chez FRANÇOIS GIRARD
Imprimeur & Libraire.

M. DCC. XLI.

75. *Page de titre de l'ouvrage de P. Pezenas, directeur de l'Observatoire de Marseille. Avignon. 1761.*

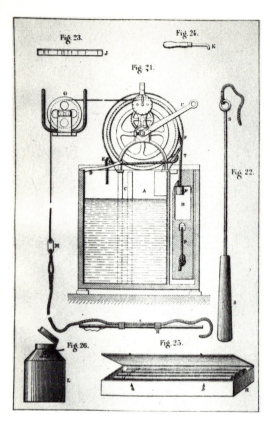

76. *Sondeur Thomson.* Cet appareil permet de sonder en marche jusqu'à une vitesse d'environ 15 nœuds et une profondeur de 100 brasses. C'est en fait une machine plus destinée aux hydrographes qu'aux marins du commerce. Cependant on la trouvait il y a encore trente ans sur nombre de navires marchands qui l'utilisaient pour avoir des sondages de grande précision à l'approche de la terre dans des parages de fonds remarquables. Le principe en est simple : la décoloration d'une couche de chromate d'argent à l'intérieur d'un tube barométrique en verre dans lequel l'eau monte en fonction de la pression causée par la profondeur atteinte. En plus du plomb très lourd (fig. 22), la ligne comporte un étui porte-tube en laiton (fig. 25). Ces tubes en verre ne sont utilisables qu'une fois. Un doigt de fer (fig. 24) permet de tâter le fil d'acier de la ligne pour savoir si le plomb a ou non déjà touché le fond et si l'on doit remonter, mais le moment où ce contact se fait n'a aucune importance, la verticalité de la ligne ne mettant pas en cause les indications de pression.

Mais avec les lochs mécaniques apparaissent aussi des systèmes ingénieux de mesure du fond par le nombre de tours d'ailettes, grâce à un compteur. Puis ce sont d'autres systèmes basés sur la pression de l'eau. Le dernier pas sera franchi avec le sondeur piézo-électrique, à quartz (sondeur à ultrasons), et par les sondeurs à son, type sonar.

C'est à l'époque des sondages manuels que les marins se montrent les plus habiles dans l'art d'atterrir « à la sonde », grâce aux lignes d'isobathes. Les intercalaires de sondes sont de pratique courante, et les méthodes prolifèrent dans les écoles d'hydrographie. Il faut dire aussi que cette méthode était la seule sûre lors des atterrissages par temps de brume, aux approches des côtes d'Europe, en Islande et sur la côte des Etats-Unis.

77. *Publicité, vers 1910, pour le sondeur Warluzel. Les solides arguments se passent de commentaires. Il s'agit, là aussi, d'une véritable machine à installer sur de gros bâtiments. L'intérêt de ce sondeur réside dans le fait que le tube mesureur d'eau introduite sert indéfiniment.*

78. *Longue-vue à double tirage, par ou pour Jacob Cunigham, XVIIᵉ siècle. Carton et cuir.*

# Voir de loin pour prévoir

Si « naviguer c'est prévoir », selon l'aphorisme bien connu, la capacité de voir au loin accroît énormément la sécurité en permettant de prévoir à temps les manœuvres à faire, qu'il s'agisse d'éviter un danger naturel ou de fuir un éventuel ennemi, et, dès leur apparition, les lunettes à tirages furent adoptées par les marins.

Hélas ! les premiers instruments avaient pour la marine des défauts rédhibitoires. Pour voir assez, il fallait augmenter la longueur des lunettes et, partant, diminuer le champ, ce qui, par houle, rendait l'observation impraticable. D'autre part, en deçà d'une certaine longueur de foyer, les lentilles étaient inutilisables en raison de l'aberration chromatique considérable. La découverte de l'achromatisme des systèmes dioptriques par Dollond, au milieu du XVIIIᵉ siècle, fit faire un bond considérable à l'optique. On pouvait dès lors utiliser des systèmes à court foyer et obtenir de forts grossissements. La qualité des lentilles, parfaitement polies, fut aussi un des problèmes majeurs de l'optique, et on ne le résolut qu'à la fin du XVIIIᵉ. Des montages en carton et en cuir, les lunettes passèrent aux tubes en bois, puis aux

79. *Grande longue-vue à six tirages. Modèle du type Semitecolo.*

80. *Ensemble de longues-vues de mer et de voyage.* En haut, *bois et laiton ;* en bas, *à trois tirages, Semitecolo.* A gauche, *recouverte de galuchat, par Watkins, Londres ;* au centre, *un petit télescope de voyage.*

81. *Un travail de matelotage intéressant, en coton tressé, sur cette longue-vue de bord.*

tirages en laiton. La longue-vue devint, à bord, « la lunette ». L'oculaire des longues-vues ordinaires comprend quatre verres : les deux premiers redressent l'image, les deux autres complètent l'achromatisme. Le grossissement dépend des foyers des cinq verres et de l'intervalle qui les sépare. Entre les verres on trouve des cercles noircis, nommés diaphragmes, qui s'opposent au passage des rayons décomposés qui troublent l'image. Le grossissement est le nombre qui exprime l'accroissement apparent des objets. Le champ se mesure par l'angle sous lequel l'œil nu distingue l'objet dans le champ. L'intensité de la lumière est la clarté. La précision des images est la netteté.

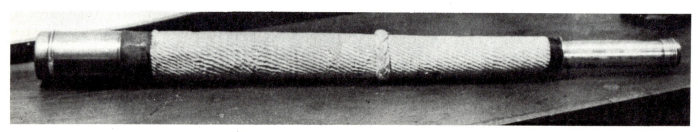

82. *Micromètre de l'amiral Fleuriais, à tambour de lecture. Sur le pourtour de la lunette figurent des équivalences des angles et des distances. Le dernier modèle de cet appareil construit par P. Ponthus, Le Petit succ., à Paris, comportait en accessoire un abaque à deux couronnes concentriques, sorte de règle à calcul circulaire, dont l'usage était ainsi défini par le constructeur : « Quand la hauteur linéaire d'un objet est en regard de l'index, sa distance est en regard du nombre de minutes de la hauteur angulaire. »*

*D'autres appareils portent également le même nom bien que construits sur des principes différents :*

*« Le micromètre est un instrument d'optique, sous forme de lunette de moyenne grandeur, qui s'appelle aussi lunette à prisme, en raison du prisme intérieur à l'instrument, partie principale de son système. Cet appareil sert à mesurer les petits angles, assez exactement pour en conclure quelle est la distance d'un bâtiment à un autre, dans les limites convenables pour le tir des bouches à feu. Il fut inventé par Rochon et il a été perfectionné par Arago.*

*« La frégate sur laquelle s'instruisent les canonniers destinés pour le service de la flotte en fait constamment usage, et il est à désirer que cet usage se généralise. Le micromètre est plus parfait que le macromètre. En géodésie, on l'emploie pour la mesure des bases au-dessus de l'eau où l'usage de la chaîne d'arpenteur est impossible. »*

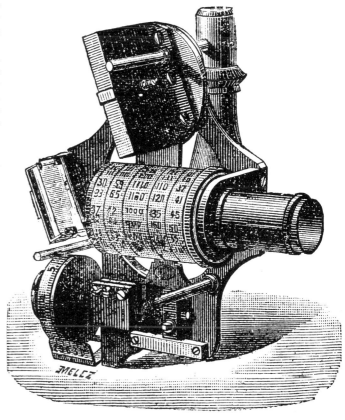

83. *Octant modifié en micromètre par l'adjonction d'une crémaillère et d'un grand vernier à trente divisions. Sur l'alidade : H. Hacke, Neukölln, 6930, et sur la boîte, le numéro d'immatriculation : M. 1640.*

75

# 3
# La navigation par les astres

Le point, ou la position à la surface du globe terrestre grâce à l'observation des astres, est l'une des plus belles conquêtes des hommes de science, et l'on peut bien imaginer le temps qui s'écoula entre l'observation passive des mouvements du ciel et l'utilisation de cette gigantesque pendule sidérale pour les besoins de la navigation. Là encore, il fallut le double véhicule des instruments de mesure et d'une méthode appropriée.

Les lois du mouvement des astres furent le résultat des travaux successifs du Danois Tycho Brahe (1546-1601), de l'Allemand Kepler (1571-1630) et de l'Anglais Newton (1642-1727). Jusque-là, on ne put dépasser le stade des observations simples avec le soleil ou la Polaire et c'est aussi avec Newton que se développèrent les instruments d'observation modernes, comme on le verra plus loin.

Ainsi donc, jusque-là, on cherchait. Les Anciens découvrirent la relative fixité de l'étoile Polaire sur la voûte céleste, et qu'il s'agît de garder le cap par rapport à cet astre fixe ou de se maintenir en latitude constante par la hauteur égale d'observation, l'étoile Polaire était utilisée par les navigateurs. Le soleil, plus rétif par sa déclinaison saisonnière variable, fut conquis à son tour dès qu'on en sut les lois, et il ne fait aucun doute que, dès les premiers siècles de notre ère, les astronomes s'en servirent pour calculer les latitudes et déterminer l'axe nord-sud du méridien. Si l'on en croit les historiens du Pacifique, les insulaires entreprirent leurs grands voyages autant à l'estime que par l'observation directe des astres en fonction de la saison, grâce à l'observation d'un angle exact de réflexion pour la latitude à travers les trous d'une calebasse percée à sa partie haute et remplie d'eau au fond pour réfléchir le soleil.

Mais les premières tentatives des cosmographes tournèrent en fait autour de la réalisation matérielle du triangle de position, c'est-à-dire la construction exacte, à trois dimensions, des données angulaires : pôle, astre, zénith. Ce triangle, reconstitué sur le globe, devait fixer le point exact de l'observateur. C'était logique, un peu naïf (en fonction des grandeurs relatives), et seule l'imprécision de la méthode sur une sphère de dimensions réduites fit abandonner cette solution au profit des éléments calculés un à un à partir d'observations fines : hauteur à la minute d'arc, heure à la seconde. Mais ne sortait-on pas d'un temps où l'alchimie, avec sa pierre philosophale, et les sciences ésotériques étaient à l'honneur ? Cette prise de conscience par l'observation directe était déjà un grand progrès sur les conceptions « logiques » et préconçues du monde.

# Les sphères

Les sphères et globes ont tenu une grande place dans l'histoire de la navigation à ses débuts. A défaut de savoir représenter la Terre sur une carte plane, pour les besoins nautiques, on se servit des globes pour calculer les routes et les distances réelles, grâce au compas à pointes sèches. Martin Behaim, retour du Portugal, construisit en 1492 le premier globe connu, aujourd'hui au Musée germanique de Nuremberg. Il est en carton, recouvert de parchemin, mesure 51 centimètres de diamètre et montre l'Asie si rapprochée de l'Europe que l'on est porté à croire que Colomb aurait été tenté par une traversée si courte.

Vers la même époque (1520), parut également la mappemonde de Schoener, puis, en 1540, celle de Mercator. La carte réduite n'empêcha d'ailleurs pas la continuation de ces productions, qui matérialisaient l'état des connaissances du monde à leur époque et simplifiaient l'évaluation des distances sur les grands parcours.

A côté de ces globes à fuseaux imprimés, publiés à partir de 1600, la navigation utilisait aussi des globes vierges, « en blanc », des globes célestes, et, bien entendu, des sphères à armilles qui figuraient, soit le système du monde, soit encore la sphère locale pour dégrossir les calculs.

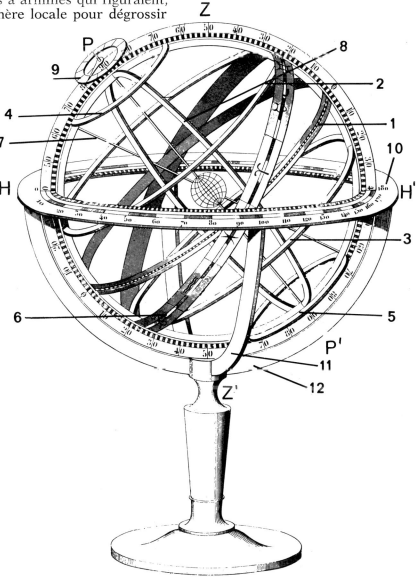

84. *La sphère armillaire est une représentation matérielle de la sphère locale, la Terre étant au centre du système. Cet appareil est plus destiné aux démonstrations magistrales et scolaires qu'aux calculs, et ne concerne en principe que le soleil, dont on a fait figurer le parcours (écliptique).*

*Sur un pied, on trouve un berceau qui figure les coordonnées horizontales et qui contient l'ensemble des lignes équatoriales. En HH', ou 10 sur la figure, se trouve le plan horizontal. Sur la couronne se lisent les azimuts du soleil de 0 à 180°. 12 représente le plan méridien qui contient le zénith, Z, et le pôle. 11 est le premier vertical. Les coordonnées horizontales sont contenues dans le faisceau de grands cercles et de petits cercles. 8, ou PZP'Z', est le grand cercle méridien. 1 est l'équateur, 2, le tropique du Cancer, 3, le tropique du Capricorne, 4, le cercle polaire arctique, 5, le cercle polaire antarctique, 6, le plan de l'écliptique, 7, l'axe du plan de l'écliptique. Le méridien mobile, solidaire de l'aiguille correspondant au cadran 9, sert à indiquer les angles au pôle. Sur la Terre, située au centre, sont représentés les méridiens, l'équateur et les parallèles de latitude.*

# Le cosmolabe

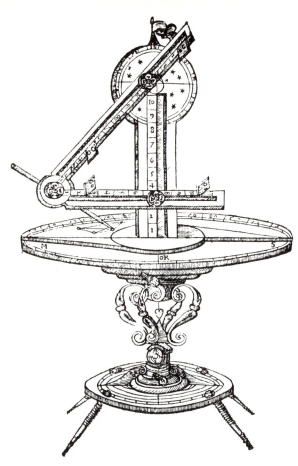

85-86-87. *« Le « cosmolabe » ou instrument universel concernant toutes les observations qui peuvent se faire par les sciences mathématiques, tant au ciel, en la terre comme en la mer.*

*» De l'invention de Monsieur Jacques Besson, professeur ès dites Sciences, en la ville d'Orléans, 1567. »*

*Cet ancêtre du théodolite et de la navisphère représente bien les soucis du monde savant au milieu du XVIe siècle, monde préoccupé d'astronomie et de mécanique, cherchant comme la quadrature du cercle un appareil qui puisse graphiquement résoudre le grand problème du point sur le globe à partir des observations directes des astres, ou, sans aller si loin, le problème de l'heure par l'observation directe. L'appareil — ici le « cosmographe » — comporte un réglage de verticalité par fil à plomb, des pinnules de visée, des graduations de mesure de hauteur et d'azimut et un système « pantographique » de tracé. La science cosmographique contenue dans le traité du cosmolabe, dont on voit une autre vue avec plateau interchangeable sur la page en face, ne s'est pas étendue à la navigation pratique, car elle n'a pu franchir le test redoutable de la chaise antiroulis pour observation — autre vieux mythe — proposée par l'auteur, et que l'on voit ci-contre.*

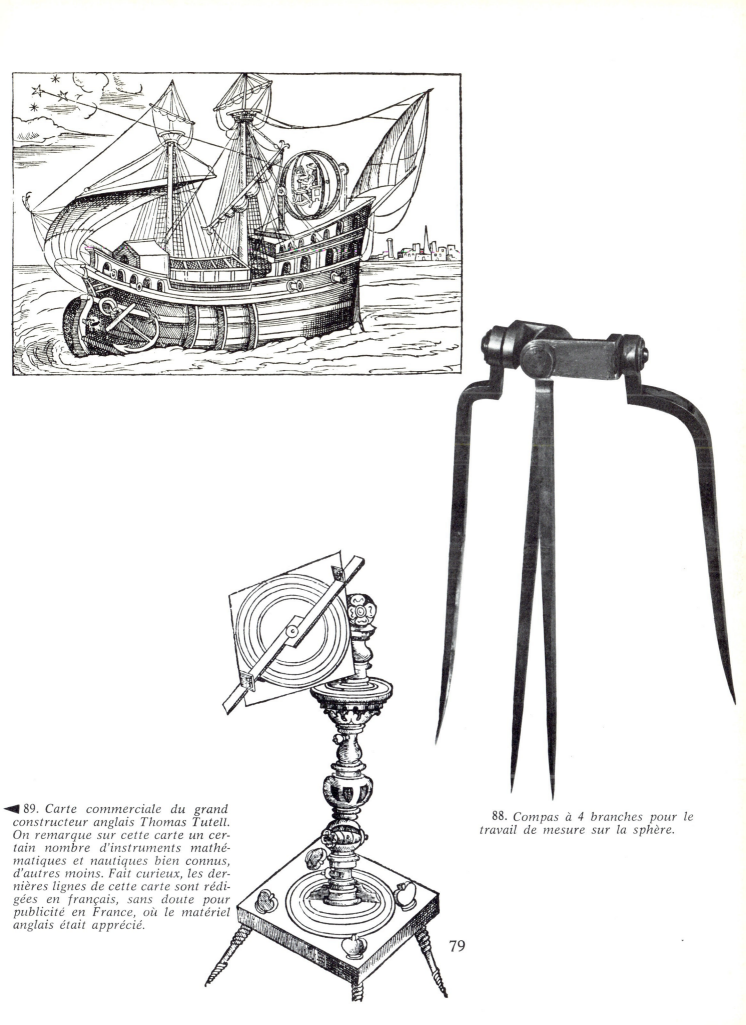

89. Carte commerciale du grand constructeur anglais Thomas Tutell. On remarque sur cette carte un certain nombre d'instruments mathématiques et nautiques bien connus, d'autres moins. Fait curieux, les dernières lignes de cette carte sont rédigées en français, sans doute pour publicité en France, où le matériel anglais était apprécié.

88. Compas à 4 branches pour le travail de mesure sur la sphère.

79

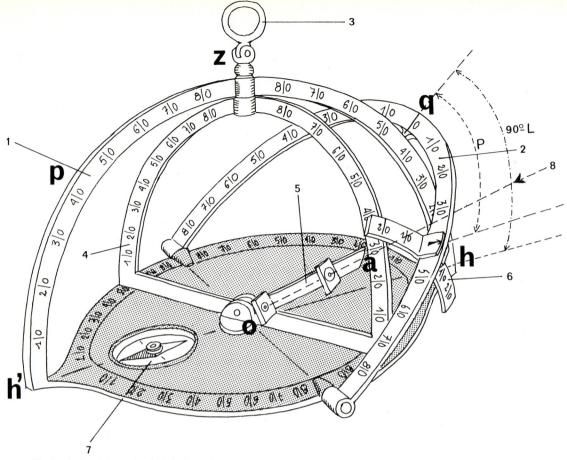

90. *Hémisphère de Michel Coignet, 1581. Cet instrument, qui tient de la sphère armillaire et de la navisphère, constituait une tentative intéressante, bien que peu pratique, pour résoudre par la mesure directe le problème de l'heure. On était déjà très en avance avec cet appareil, par rapport au cosmolabe présenté dans les pages précédentes. Les éléments de l'hémisphère permettent en effet de reconstituer le triangle de position à partir des éléments observables h, z, et calculables par les tables : D, d'où l'obtention de l'angle au pôle, P. Utilisation : l'appareil, suspendu par l'anneau 3, se trouvant donc posséder un axe vertical, qui donne de ce fait au plateau horizon la position horizontale, est orienté dans le plan méridien (demi-cercle 1), grâce à la boussole incorporée 7. Cela fait, l'alidade porte-pinnules 5 est amenée, en jouant à la fois sur le cercle d'azimut 4 et sur son inclinaison angulaire, à viser le soleil comme avec un astrolabe. L'image d'un trou de pinnule, se reportant sur l'autre, donne la direction 8 du soleil. Connaissant la déclinaison du soleil pour le jour, on parvient à faire coïncider la graduation du cercle d'azimut (indiquée par l'alidade) avec l'indication de D portée par la réglette 6. En jouant : 1°, de l'inclinaison du cercle équateur ; 2°, de la position de 6 sur cet équateur grâce au curseur mobile, il n'y a donc plus qu'à lire : P angle au pôle sur le cercle équateur entre le plan méridien et la position du curseur de D. 90°-L est la colatitude sur le cercle méridien, d'où : L.*

*P, z, A, ont été représentés sur la figure pour retrouver les conventions du triangle de position habituel.*

*Deux systèmes du monde, bois et papier. XVIIIᵉ. Planétaires ou orreries, avec le soleil pour centre, la Terre ayant son satellite (la Lune) pivotant sur un axe. Deux armilles servent de référence. Le cercle écliptique porte les signes du zodiaque. Au premier plan : une petite sphère céleste, du XVIIIᵉ, sur le modèle des navisphères ultérieures.* ▶

# Prendre hauteur

## Premiers instruments des mesures angulaires

L'idée de mesurer la hauteur d'un astre, distance angulaire ou angle entre l'horizon et l'astre dans le plan méridien, pour calculer la latitude fut d'abord mise à profit par les observateurs terrestres, et il leur était bien facile, grâce à un plan méridien et à une alidade, de mesurer le degré de culmination au moment des passages.

Il en allait tout autrement en mer, sur une plate-forme instable, où le plan méridien était mal défini et où il fallait tout à la fois viser à l'horizon et à l'astre. Les Arabes, qui naviguaient « en latitude » dans l'océan Indien, avaient le *kamal* pour instrument de mesure. C'était un carré percé d'un trou, par lequel passait un cordonnet à nœuds. Pour viser le soleil, sur le bord haut de la plaque, et l'horizon, sur le bord bas, il fallait que cette plaque fût à une distance précise de l'œil. Et c'était là justement qu'intervenait le cordonnet à nœuds, chacun de ceux-ci donnant un angle en dizaines de degrés, angles entre lesquels il fallait interpoler. La précision était une autre affaire, mais le principe demeurait intéressant. Il n'était pas différent de celui qu'on utilisait en Europe avec un bâton à bout de bras pour mesurer une hauteur ou les arpents d'une pièce de terre, et cet instrument rudimentaire donna naissance au bâton de Jacob, ou de Lévi, décrit dans le *Traité de trigonométrie* de Lévi ben Gerson, d'Avignon (1342). C'était un outil d'arpentage qui portait également les noms d'arbalète, d'arbalestrille, de verge d'or et de tire-pied.

Quand les marins se l'approprièrent-ils ? Sans doute vers l'extrême fin du XVᵉ siècle, au début de la navigation astronomique, mais il semble avoir été tout de suite très populaire sur l'eau, léger, pratique et précis. Après les visées « par-devant », difficiles à cause de l'éblouissement, on pratiquait les visées « par-derrière », par ombre

*91. Dans* l'Art de naviguer *de Pedro de Medina : l'utilisation pratique de l'astrolabe en visée indirecte (ombre portée). L'instrument étant lourd, il fallait en fait un aide pour diriger le plan de l'appareil dans le plan méridien (hauteur de culmination) et surtout pour procéder à une lecture précise après réglage de l'alidade.*

*92. Page de titre de l'important ouvrage de Pedro de Medina :* Regimento de navegacion, *Séville, 1563, second ouvrage de l'auteur, dédié à Philippe II, roi d'Espagne et du Nouveau Monde.*

*Au passage, une précision s'impose au sujet de ces titres :* regimento, *et en anglais* regiment, *qui ne veulent absolument rien dire par eux-mêmes. Ce ne sont que les traductions phonétiques en différentes langues de « Regiomontanus », traduction latine elle-même — selon l'usage du temps — de Kœnigsberg, surnom donné à Johann Muller, astronome allemand, né à Unfind, près de Kœnigsberg, en 1436. Selon Delambre, ce savant fut le plus grand astronome d'Europe jusqu'au XVIᵉ siècle. C'est le titre de son ouvrage principal* Johannis Regiomontani de Triangulis Planis et Sphericis... *qui a conduit à l'équivoque du nom commun de* régiment *pour désigner un ouvrage important sur un quelconque sujet.*

# L'astrolabe de mer

93. *Astrolabe de mer.*

portée. L'arbalestrille portait plusieurs marteaux, jusqu'à quatre, correspondant chacun aux graduations particulières de la verge carrée. En 1768, on se servait encore du bâton de Jacob, comme le prouvent ces lignes extraites d'un traité de navigation de l'époque, au chapitre « Des instruments propres à observer la hauteur du pôle » : « Ces instruments sont la flèche, le quartier de Davis ou l'octant. Tous les trois également bons lorsque le temps est serein et le soleil brillant, en faisant les corrections convenables à chacun qui sont le demi-diamètre apparent du soleil de 16', l'élévation de l'œil de l'observateur au-dessus de la mer, ordinairement sur un navire de 12 à 15 pieds, qui donne 4' pour la déjection (*sic*) de l'horizon, et la réfraction astronomique à laquelle on doit avoir égard quand le soleil est à moins de 45° élevé sur l'horizon. On en trouve la table dans l'*Instruction des pilotes*, partie de celle des pieds élevés au-dessus de la mer, avec la manière de faire ces corrections.

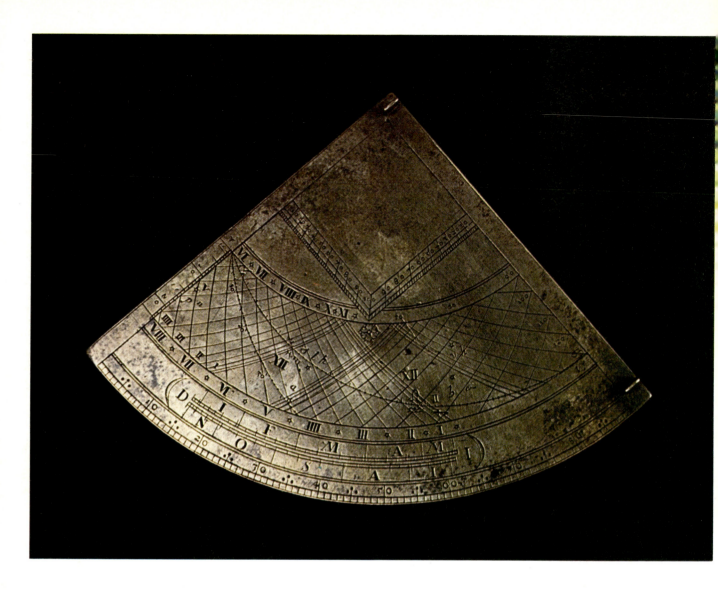

*Quartier ou quadrant de Gunter, non signé, c. 1700, de provenance anglaise vraisemblablement.*

*Au recto : deux pinnules pour visée d'astres, le fil à plomb manque. Sur le pourtour, une graduation de 0 à 90°, pour mesure des hauteurs, dans le haut, le carré des ombres et, dans la bande médiane, une projection de la sphère céleste, avec cinq étoiles principales repérées.*

» Quand on observe la hauteur par-derrière avec la flèche, c'est le bord supérieur du soleil qui fait l'ombre du marteau sur le gabet. Ainsi, au degré trouvé sur la flèche pour la distance du soleil au zénith, il faut ajouter 16′ pour le demi-diamètre du soleil.

» Les difficultés de cette observation sont de ce qu'étant obligé de mettre le bout carré de la flèche à l'œil, on ne peut pas mettre précisément le centre de l'œil au centre de la flèche et ne pas pouvoir, d'un même coup d'œil, voir l'horizon par un bout du marteau et l'étoile par l'autre. C'est pourquoi il faut prendre les plus basses étoiles pour approcher ces deux points de vue, afin que l'œil ait moins de changement à faire pour les voir l'un et l'autre dans le moins d'intervalle qu'il se pourra. »

L'astrolabe, dont on a fait le premier instrument d'observation du marin, semble usurper sa réputation. D'abord instrument d'observatoire terrestre, inventé par les Arabes, il est simplifié à l'extrême — plus de tympans ni d'araignée, projection du ciel pour le lieu de l'observation — de façon à n'être plus qu'un cercle gradué muni d'une alidade. On le fait lourd pour qu'il pende à la verticale par son propre poids. Utilisé par ombre projetée, on mesure les hauteurs de soleil au demi-degré, mais en visée directe, avec le roulis, les hau-

84

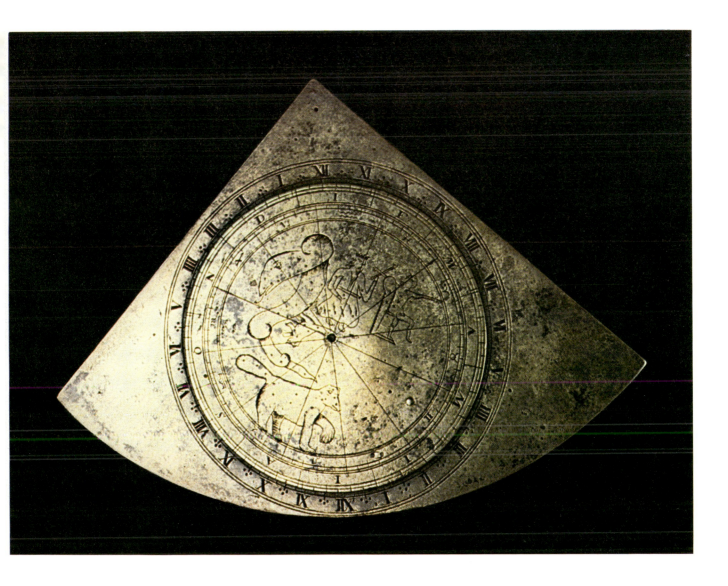

teurs d'étoiles sont prises à 4 ou 5 degrés près. Les vieux pratiquants de l'astrolabe prétendaient à des observations plus fines, et bien qu'ils n'aient eu que mépris pour les utilisateurs de la flèche, les appelant des *star shooters* (comparaison avec l'arc), cette dernière donnait un angle à 12 ou 15' près, ce qui était très bien.

Différentes modifications de la flèche furent proposées, d'abord par Gemma Frisius, qui dessina un marteau coulissant sur la verge, mais dont l'extrémité était également réglable. Bouguer fils, en 1753, proposa, pour les observations « à l'envers », un grand marteau fixe avec gabet coulissant seul sur la verge de l'instrument.

Entre-temps était apparu un autre instrument basé sur le repérage de la verticale : le quartier de Gunter. Quart de cercle en bois ou en métal, il porte deux pinnules sur un rayon. La visée de l'astre faite, le fil à plomb est pressé sur la couronne graduée et l'on peut lire directement la distance zénithale. Quelle est la précision ? 1 ou 2 degrés. Il eût fallu un instrument de grand diamètre, lourd et donnant prise au vent. Cependant, astrolabe et quartier de Gunter eurent, au début, l'intérêt d'affranchir la mesure de la correction de dépression dont on faisait toute une affaire, le père Fournier l'estimant nulle, d'autres l'exagérant.

*Au verso : les deux couronnes, l'une pivotante avec les douze mois de l'année, l'autre fixe avec deux fois douze heures, donnent à penser qu'il peut s'agir d'un système nocturnal, utilisant un des côtés de l'angle droit pour axe polaire.*

**94.** *Astrolabe marin, fabriqué par J. Renaud à Marseille en 1800. Modèle simple à pinnules de visée.*

# Le quartier de Gunter

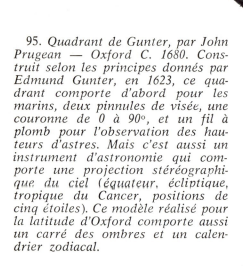

**95.** *Quadrant de Gunter, par John Prugean — Oxford C. 1680. Construit selon les principes donnés par Edmund Gunter, en 1623, ce quadrant comporte d'abord pour les marins, deux pinnules de visée, une couronne de 0 à 90°, et un fil à plomb pour l'observation des hauteurs d'astres. Mais c'est aussi un instrument d'astronomie qui comporte une projection stéréographique du ciel (équateur, écliptique, tropique du Cancer, positions de cinq étoiles). Ce modèle réalisé pour la latitude d'Oxford comporte aussi un carré des ombres et un calendrier zodiacal.*

# L'arbalestrille

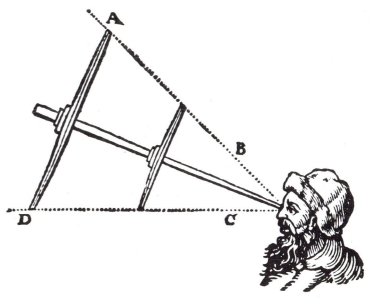

96. *Première utilisation de l'arbalète, en visée directe. DC est la ligne d'horizon. AB la ligne de visée de soleil, et ABCD la hauteur instrumentale.*

97. *Une utilisation rationnelle en visée réfléchie. L'œil de l'observateur n'a plus à craindre l'éblouissement pas plus que les tentatives fatigantes d'ubiquité à vouloir viser à la fois l'astre et l'horizon. Dans le back-staff, un marteau spécial, percé en bout de flèche, permet de viser à l'horizon et de recevoir l'ombre portée du grand marteau.*

98. *Dans* Cosmographia *d'Apian et Frisius. Le « bâton de Jacob », vieil instrument de mesure d'angles, mis au service des astronomes pour la mesure des distances angulaires d'étoiles, sera bientôt utilisé sur mer.*

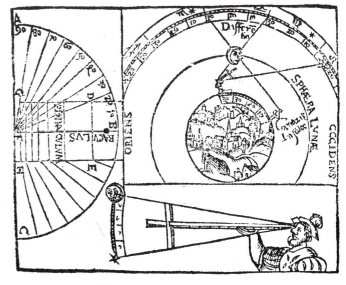

*Nous trouvons dans* La navisphère, instrument nautique. Instructions pour son usage, *par H. de Magnac, capitaine de frégate, 1881, les arguments suivants en faveur de cet instrument :*

« *Il permet de trouver rapidement, par procédé mécanicographique (sic), le nom des astres au-dessus de l'horizon, pour une heure donnée, ainsi que leurs azimuts et hauteurs, au degré près ;*

» *Il identifie les astres dont on a relevé H et Z ;*

» *Il permet également de déterminer, au degré près, l'angle de route pour aller d'un point à un autre, par l'arc de grand cercle et la distance entre ces deux points, à 15' près ;*

» *Il permet encore de déterminer la variation du compas à une heure T de la montre d'habitacle, réglée sur le temps vrai à midi vrai.*

» *Le système d'arcs de cercle qui complète la navisphère porte le nom de métrosphère.* »

*Emporté par l'enthousiasme, l'inventeur nous donne des exemples parlants d'utilisation :* « *Le défaut de contrôle de route peut faire perdre 5 milles par jour [au moins !]. Le calcul a été fait pour la ligne du Mexique, allant de Saint-Nazaire à La Vera Cruz. Pour un paquebot, ce sont 42 jours de marche, aller et retour, et, à 5 milles par jour, ce sont 210 milles qui sont perdus en fin de voyage, soit : 19 heures de marche à 11 nœuds. Et si le paquebot dépense à l'heure 43,7 t de charbon à 1 529 francs, il en résultera pour 24 voyages par an une dépense totale de 36 696 francs, à laquelle s'ajoutent les dépenses d'armement pour le temps considéré. Donc au moins, tout compte fait, une dépense du double, soit 73 400 francs.* » *L'inventeur nous dit que la navisphère sert aussi à faire des variations. On relève au compas 5 à 6 étoiles, pour une heure sidérale donnée. On place la navisphère pour cette heure, on lit les relèvements et on interpole entre eux, d'où la variation.*

*La plaquette indique qu'en 1879, la navisphère est construite par Eichens, constructeur de l'Observatoire de Paris, 77, rue Denfert-Rochereau.*

*Navisphère d'enseignement, hauteur 48 cm, diamètre extérieur 28 cm. Marquée : « Globe à relèvement céleste. Signé A. Hue et A. Bretel. Déposé, A. Santi, éditeur à Marseille, et E. Bertaux, éditeur à Paris. » C. 1880. Cet appareil, familièrement appelé « tête de veau » dans les écoles d'hydrographie, servait aux démonstrations.*

*Au pied de l'appareil : un petit compas liquide, dit compas de doris, dont le prototype était fabriqué à Nantes jusqu'en 1939.*

# Le quartier de Davis

Le quartier anglais, ou quartier de Davis, dont on voit dans ce livre l'évolution, fut le premier instrument du marin, et il fut construit en grandes quantités, bien qu'il s'en soit conservé peu de modèles. Voici ce qu'on en dit en 1768, alors que l'octant est déjà inventé depuis plusieurs décennies :

« Le quartier anglais a succédé à la flèche, non pas qu'il soit plus juste, mais à cause de son verre, qui détermine le rayon du centre du soleil dans un temps nébuleux, aussitôt que l'on peut voir son image réfléchie sur l'octant. On fixe le marteau qui porte ce verre sur un des degrés marqués sur le côté du petit arc, suivant que le soleil soit monté peu ou beaucoup sur l'horizon. Il y a une autre graduation au dos du même arc pour le *marteau d'ombre*, dont on se sert quand le temps est sans aucun nuage et le soleil bien clair. On fixe aussi ce marteau sur un des degrés de cette graduation, qui corrige le demi-diamètre du soleil, car c'est son bord supérieur qui fait ombre comme à la flèche. Si cet instrument a l'avantage de son verre sur la flèche, il ne peut servir à observer la hauteur des étoiles. »

Bien entendu, tous ces instruments avaient le grave défaut d'une observation délicate. Même le quartier anglais de Davis, qui pourtant ne demandait qu'une seule visée de l'œil, faisant coïncider une image projetée du soleil sur le marteau et la vue directe de l'horizon. On verra aussi les nombreuses recherches autour des dispositions, plus ingénieuses les unes que les autres, avec des pinnules et des cercles gradués. Mais les instruments à réflexion et miroirs tournants ouvraient une ère nouvelle pour la navigation astronomique en apportant une précision jamais atteinte jusque-là. A la fin du XVIIIe, l'octant avait à tout jamais détrôné le quartier de Davis.

99. *Dans* The seaman's secrets, *du capitaine John Davis, 1595. Première version du back-staff pour la mesure des angles de 45° maximum. C'est, en fait, un bâton de Jacob amélioré, la coïncidence de l'ombre portée du soleil sur le marteau en bout de verge se faisant par coulissement du marteau courbe le long de celle-ci. Il n'y a pas de pinnule en bout de ce marteau courbe.*

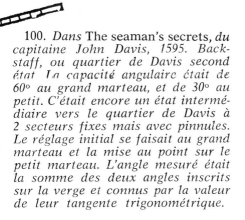

100. *Dans* The seaman's secrets, *du capitaine John Davis, 1595. Back-staff, ou quartier de Davis second état. La capacité angulaire était de 60° au grand marteau, et de 30° au petit. C'était encore un état intermédiaire vers le quartier de Davis à 2 secteurs fixes mais avec pinnules. Le réglage initial se faisait au grand marteau et la mise au point sur le petit marteau. L'angle mesuré était la somme des deux angles inscrits sur la verge et connus par la valeur de leur tangente trigonométrique.*

# QVATRIEME LIVRE
## DE LA HAVTEVR DV SOLEIL,
ET COMMENT ON SE DOIT GOV-
VERNER PAR LVY EN LA NAVIGATION.

101. *Extrait de l'Art de naviguer de Pedro de Medina.*

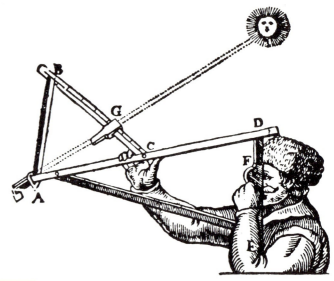

102. *Quartier de Davis.*

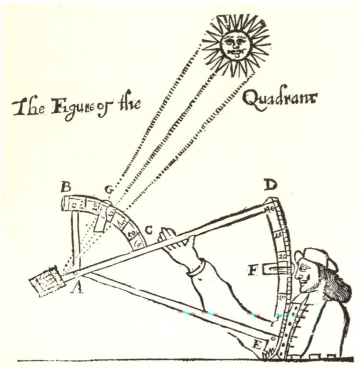

103. *Troisième et définitive version du back-staff. G. Halley et Flamsteed substituèrent une loupe ou « verre ardent ». Les mesures d'angles sont de 90° au maximum.*

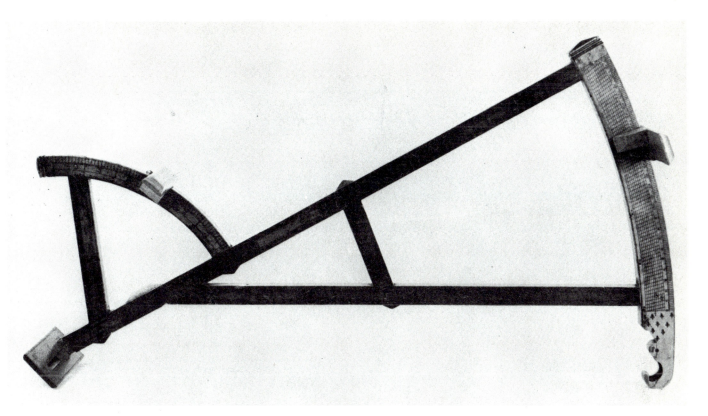

104. *Quartier de Davis, avec ses marteaux. Sans marque ni date. Sans doute anglais.*

105. *Page de titre de l'ouvrage de Th. Blundeville :*

*« M. Blundeville, his exercice, containing eight treatises... verie necessarie to be read and learned of all yoong gentlemen that have bene exercised in such disciplines, and yet are desirous to have knowledge as well in cosmographie, astronomie and geographie, as also in the arte of navigation, in which arte it is impossible to profite without the helpe of these, or such like instructions.*

*» The second edition corrected and augmented by the author. With the volvelles printed on one folding leaf, 5 separate tables or maps, and many illustrations and diagrams [1]. »*

1. L'ancienne orthographe anglaise a été respectée.

A nevv and neceſſarie Treatiſe of Nauigation containing *all the chiefeſt principles* of that Arte.

Lately collected out of the beſt Moderne *writers thereof by M. Blundeuile*, *and by him* reduced into ſuch a plaine and orderly forme of teaching as euery man of a meane capacitie may eaſily vnderſtand the ſame.

They that goe downe to the Sea in ſhips, and occupie their buſineſſe in great waters: Theſe men ſee the workes of the Lord and his wonders in the deepe. Pſalme, 107.

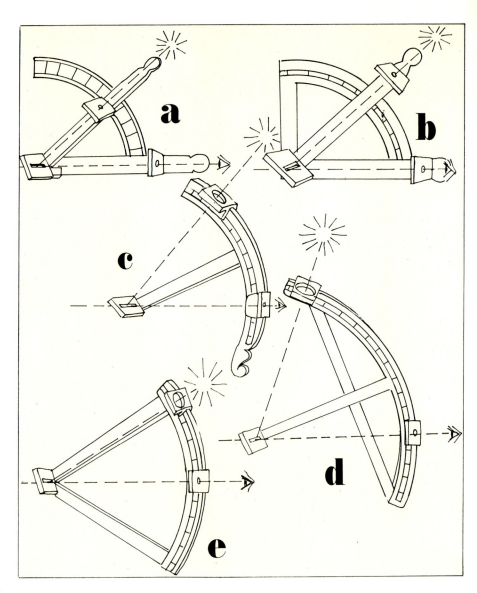

106. *Variation sur le thème du secteur :* a) *quart nautique cité par Pedro de Medina,* b) nautical quadrant, *vers 1604,* c) *arc simple avec pinnule, décrit dans* Certain errors *de Wright, 1610,* d) *Edmund Gunter,* crossbow (*arc à croix), 1623,* e) *simplification du quartier de Davis par Bouguer. Les deux secteurs ont, cette fois, le même rayon. Un verre ardent est fixé. Une seule des pinnules est mobile. Rappelons que c'est Bouguer le premier qui trouva les formules acceptables de la réfraction.*

# Les instruments
# à réflexion

Les origines de l'octant ont fait l'objet de thèses controversées, et il faut citer ici les pièces de référence. Dans *Philosophical Transactions*, on relève le dépôt d'un mémoire de John Hadley, à la Société Royale de Londres, en mai 1731, accompagné de deux instruments, le premier en bois à trois miroirs, le second en cuivre, dont les essais sont faits à bord du yacht *Chatham*.

Mais, en 1742, à la mort d'Edmund Halley, ses papiers révèlent un original d'Isaac Newton, décrivant « un octant du type de Halley », qui aurait été présenté à la Société Royale, en 1699. Le Dr Hooke réclame aussi la paternité de ce type d'instrument, qui en 1749 se serait trouvé à l'Observatoire de Berlin (*cf. Mémoires de l'Académie*). Puis furent également connus les instruments de Caleb Smith et d'Elton.

Le « quadrant » de Hadley fut essayé à la mer en 1732 par l'astronome royal James Bradley. En 1757, le capitaine Campbell, de la Royal Navy, suggéra d'agrandir le champ de visée de l'octant jusqu'à 120° : on a dès lors le sextant. Puis ce sont d'innombrables modifications, perfectionnements, et aussi parfois des retours en arrière.

Avec le grand octant de 50 centimètres de Hadley, la précision est de l'ordre de la minute d'arc avec les divisions transversales (compte non tenu des erreurs de graduation et d'excentricité). Notons que le premier vernier installé sur l'octant de Hadley était divisé

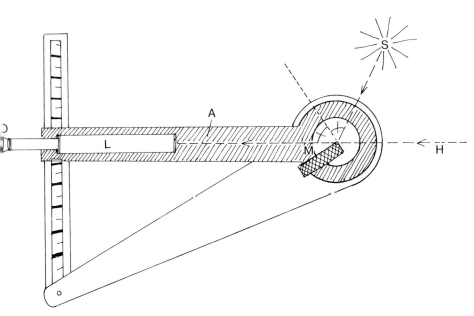

107. *En 1666, Robert Hooke décrit un instrument de son invention pour la Royal Society de Londres. C'est un instrument à un miroir, et c'est vraisemblablement la première fois que l'idée est venue d'utiliser un miroir tournant pour les observations de hauteur. Mais, toutefois, le miroir n'est pas utilisé au mieux de ses possibilités, car la propriété fondamentale des deux miroirs réside dans le fait que, le contact une fois établi entre les deux images, il ne se détruit plus, même en remuant l'instrument. Il est donc probable que cet instrument n'a jamais été essayé à la mer et son principe en a été oublié lors de la réalisation de l'octant par Hadley. Selon Ch. Cotter, il est question d'un quart de cercle en fer mentionné dans les* Mémoires de la Société des sciences de Berlin, *pour 1749. Mais est-ce bien là l'instrument de Hooke ? Levêque en parle également dans son* Guide du navigateur, 1779.

**108.** *Sir Isaac Newton chercha à améliorer le* nautical quadrant. *Il semble avoir été le premier à suggérer l'idée des deux miroirs, idée reprise plus tard par Hadley. Il ne fut plus question de l'idée de Newton pendant quinze ans et l'on n'en reparla que lorsque Edmund Halley la reprit à son compte. Mais à ce moment, Hadley avait déjà de son côté mis son quadrant au point. Le dessin parle de lui-même ; M' : petit miroir, permettant une visée directe de l'horizon, M : grand miroir tournant. Pour une rotation d'un angle donné, l'image tourne du double, d'où une graduation au double de la valeur.*

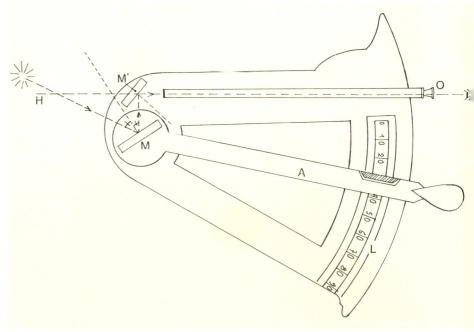

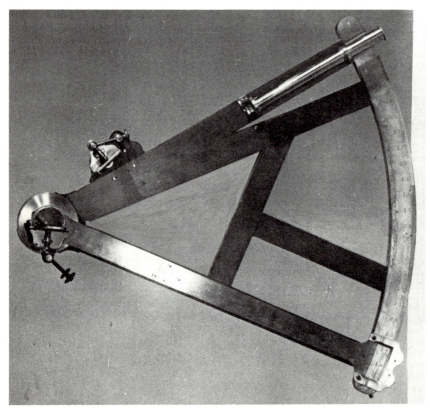

**109.** *Peut-on imaginer que des inventeurs s'ignorent à ce point ? Toujours est-il que les Baradelle (Jean-Louis-Jacques, 1752-1794, ou bien Nicolas-Éloi, 1774-1814), constructeurs bien connus d'instruments scientifiques, produisent cet octant, absolument identique dans son principe à celui de Newton-Halley, avec la mention sans vergogne gravée sur le limbe : « Inventé par Baradelle, Quay de l'Horloge du Palais, à l'enseigne de l'Observatoire ». Notons qu'en visée directe de la lunette sur le grand miroir, cet appareil est un simple cadran de Hooke.*

110. *A la séance du 13 mai 1731 de la Société Royale de Londres, John Hadley (1682-1744) présente deux types d'instruments à réflexion. Le premier modèle, très proche du modèle de Halley (en haut), réalisé en bois, possédait des miroirs en laiton poli qui, se ternissant rapidement, furent remplacés par des verres argentés à leur surface supérieure (pour éviter les erreurs de prismaticité), les bons miroirs étant rares à cette époque. Caleb Smith, simultanément, mettait au point un instrument de mesure sur le même principe, utilisant cependant des prismes à la place des miroirs (voir plus loin).*

*Le second modèle (en bas) est très proche de l'octant définitif, il est en laiton, et la lunette est placée de l'autre côté du cadre, par rapport à la position des octants ordinaires qui furent par la suite commercialisés. Un écran surmonte le grand miroir. Ce grand octant est utilisable pour la visée arrière, l'oculaire étant cette fois en O, avec verre coloré W et réticule Q pour visée d'horizon. Les épreuves de ce second octant eurent lieu sur le yacht* Chatham, *les 30, 31 août et 1er septembre 1732.*

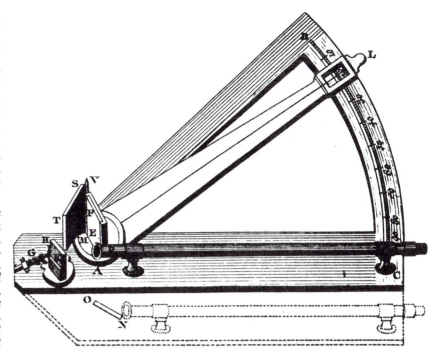

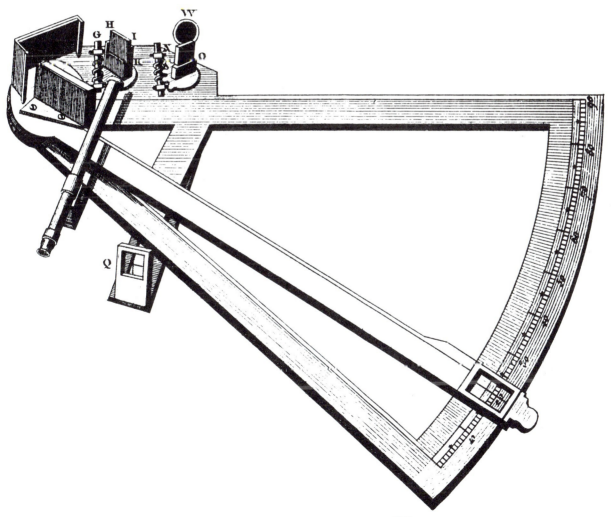

95

**111.** *Principe de l'octant de Caleb Smith, d'après Pezenas et Rochon. Le petit miroir est remplacé par un prisme P à réflexion totale, dont les angles font respectivement : au sommet, 44° et à la base, 68°. L'appareil est donc tenu dans la position de la figure, l'observateur visant vers le bas. L'alidade A fait varier la position du grand miroir M, réglé pour le zéro, avant l'observation, par la vis sans fin R.*

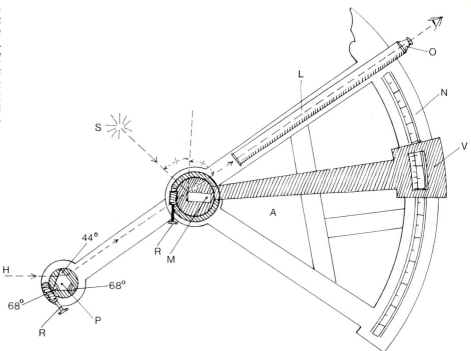

en vingt parties. Dans un petit livre décrivant l'appareil, et publié chez Le Maire fils à Paris, à l'enseigne du « Nouveau Quartier anglais », on trouve cette constatation charmante : « L'instrument est si précis que l'on doit avoir égard aux réfractions. » Peu à peu l'octant, passé à l'œil critique et scientifique des marins savants, polissait sa perfection grâce à une juste appréciation de ses erreurs. La prismaticité du grand miroir était une source d'erreurs importantes, suivies de près par celles dues à l'excentricité et aux graduations. Et Marguet de faire remarquer très justement que : « Le sextant est un instrument

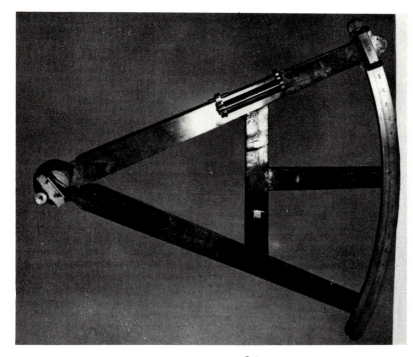

**112.** *L'octant de Bird, fabricant à Londres, est une conception attardée sur le principe de Hooke avec un seul miroir. Très rapidement, après ce premier modèle, Bird fabriquera des octants de Hadley perfectionnés.*

*Grand octant d'ébène de 50 cm de rayon, à pinnule et à deux petits miroirs, pour observation de face et de dos. Le porte-verres colorés manque. Graduation du limbe dans le système dit à transversales. Pas de marque, c. 1750.*

précieux, en ce que les erreurs provenant d'une rectification imparfaite sont de second ordre par rapport aux inégalités qui les causent. » Le reste du développement des octant, sextant, quintant... au cours du XIXe et du XXe siècle n'est plus qu'affaire de constructeurs. La multiplicité des formes provient des solutions que chaque fabricant croit la meilleure : rigidité du cadre, simple, double, massif, ajouré, renforcé... réglage des miroirs et des lunettes, perfection des lectures grâce aux verniers plats d'abord, puis à tambour, multiplicité des verres colorés et des bonnettes, dimension appropriée des appareils : grands et sophistiqués pour les grands navires, petits et simples pour la pêche, sextants de poche pour les arpenteurs, sextants doubles pour augmenter le champ, quintants d'hydrographes pour travaux sur les angles à plat...

La richesse de production est presque sans limite. L'iconographie de ce livre en donne une faible idée.

113. *En 1732, un « vitrier » de Phi-*
*ladelphie, Thomas Godfrey, fit con-*
*naître un instrument de son inven-*
*tion à la Société Royale de Londres,*
*qui lui accorda un prix de 200 livres.*
*Le principe de l'instrument est sim-*
*ple : l'horizon étant vu à travers la*
*lunette en vision directe, l'image*
*réfléchie du soleil sur la face avant*
*du grand miroir est projetée sur la*
*pinnule-miroir.*

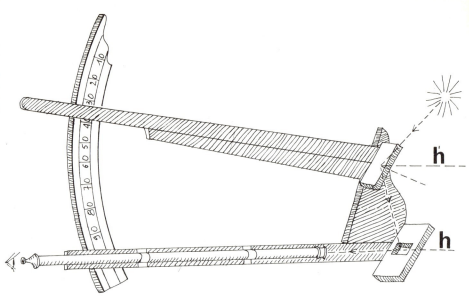

115. *Le premier modèle de Fouchy*
*(secrétaire de l'Académie royale*
*des sciences de Paris), 1732, était*
*un simple retour aux sources. On*
*visait l'horizon à travers la lu-*
*nette, montée sur l'alidade, mainte-*
*nue horizontale, le grand miroir*
*étant solidaire du cadre. L'observa-*
*tion se faisait dos au soleil.*

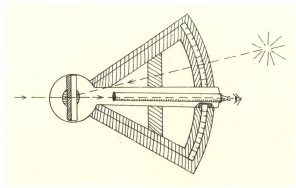

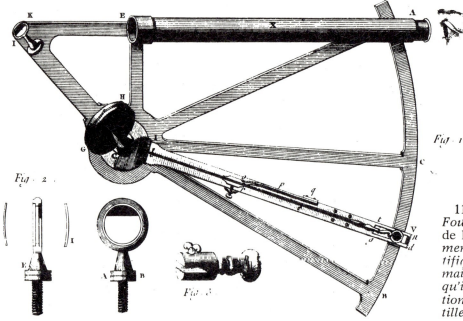

114. *Le deuxième instrument de*
*Fouchy, décrit dans les* Mémoires
*de l'Académie, 1740, était un instru-*
*ment fragile et coûteux, plus scien-*
*tifique que pratique, qui ne fut ja-*
*mais utilisé sur les navires, bien*
*qu'inventé à l'origine pour la naviga-*
*tion. Le grand miroir était une len-*
*tille plan convexe étamée.*

116. Instruction des pilotes, *par Le Cordier, 1748.*

# INSTRUCTION
## DES PILOTES,
### OU TRAITÉ DES LATITUDES,
*SECONDE PARTIE,*

QUI CONTIENT TOUT CE QUI EST néceſſaire pour obſerver exactement la Latitude, ou la hauteur du Pole dans tous les lieux du Monde, tant aux Etoiles qu'au Soleil.

*Avec les Tables de leur Déclinaiſon & Aſcenſion droite, & celle de la Latitude & Longitude d'un grand nombre de Lieux.*

Par feu M. LE CORDIER, Hydrographe du Roi.

### DERNIERE EDITION,

*Reviië & corrigée par* J. LE CORDIER, *Preſtre; auſſi Hydrographe du Roy à Dieppe.*

AU HAVRE DE GRACE,
Chez la Veuve de GUILLAUME GRUCHET & PIERRE FAURE, Imprimeur & Marchand Libraire.

M. DCC. XLVIII.
*AVEC PRIVILEGE DU ROY.*

# LE GUIDE
## DU
# NAVIGATEUR,
### OU
## TRAITÉ DE LA PRATIQUE
### DES OBSERVATIONS

*Et des Calculs néceſſaires au Navigateur.*

Orné de Figures en taille douce.

Par M. LEVÉQUE, *Correſpondant de l'Académie Royale de Marine, & Profeſſeur Royal en Hydrographie & en Mathématiques à Nantes.*

Le Trident de Neptune eſt le ſceptre du monde.
*Le Mierre.*

*A NANTES,*
Chez DESPILLY, Libraire, haute grande-rue, près de celle de Beau-Soleil.

M. DCC. LXXIX. (1779)
*Avec Approbation & Privilége du Roi.*

117. Le Guide du navigateur, *par Lévêque, Nantes, 1779.*

En haut, sextant, par Jecker, à droite, octant, par Joseph Roux, de Marseille, en bas, premier modèle de sextant, par Lorieux.

◄ *Deux octants en ébène à vernier et à deux petits miroirs pour observation par-devant et par-derrière. On distingue très bien le système porteverres colorés, qui peut se déplacer et s'enfiler dans le trou inférieur. Les verres non prismatiques étant rares, car difficiles à travailler, on conçoit, en effet, que l'on ait utilisé pour ces appareils un seul jeu de verres colorés interchangeables.*

*Sur l'appareil du bas, retourné pour voir le dos, on distingue à droite les deux excentriques pour réglage du zéro des miroirs. Sur le limbe, se trouve la vis de pression du vernier. La partie blanche, en ivoire ou en os, sur la branche gauche du cadre est une tablette aidemémoire pour inscrire au crayon la valeur de la mesure. Le crayon — manquant ici — était une mine, portée dans un petit cylindre d'ivoire tourné, placé dans un trou de la traverse centrale (visible en bas).*

101

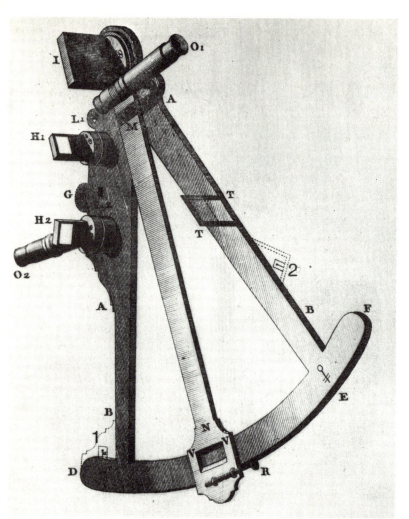

**119.** *Les différentes pièces de l'octant de Hadley, version définitive. Sur la figure 5 on voit comment se fixe le miroir cd, grâce à la pièce triangulaire munie de trois tétons et par la vis de pression S. Le réglage de perpendicularité semble inexistant faute de pouvoir incliner l'équerre (fig. 2). Il en est de même pour les petits miroirs. En revanche, les inclinaisons sur leur axe des petits miroirs sont prévues grâce au système de la figure 11. Cette inclinaison est, on le sait, nécessaire pour la remise à zéro, lors de la collimation.*

*Les premiers octants bien construits étaient prévus avec la pièce de la figure 23, qui correspondait à une liaison au petit miroir pour l'observation de dos. Avant toute visée de ce type, l'alidade principale étant mise sur 0°, la tige P, solidaire du miroir H2, était placée sur 2. Dans cette position, l'observateur devait avoir : l'image directe de l'horizon à travers T et l'image de l'horizon réfléchie par-derrière confondues, sinon il fallait régler l'inclinaison de H2. Pour observer, P était remis, bien entendu, en position 1.* ▶

**118.** *Dans le Guide du navigateur, par Lévêque, description du « quartier anglais ». L'octant de Hadley a pris sa forme définitive avec la lunette sur la face habituelle du cadre. En O₂, lunette pour observation par-derrière. Le cadre T à croisillons est disposé pour viser l'horizon dans ce mode d'observation.*

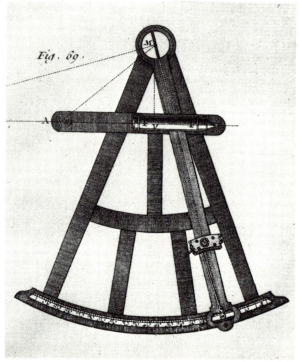

**120.** *Octant à vernier perfectionné grâce à un tambour micrométrique.*

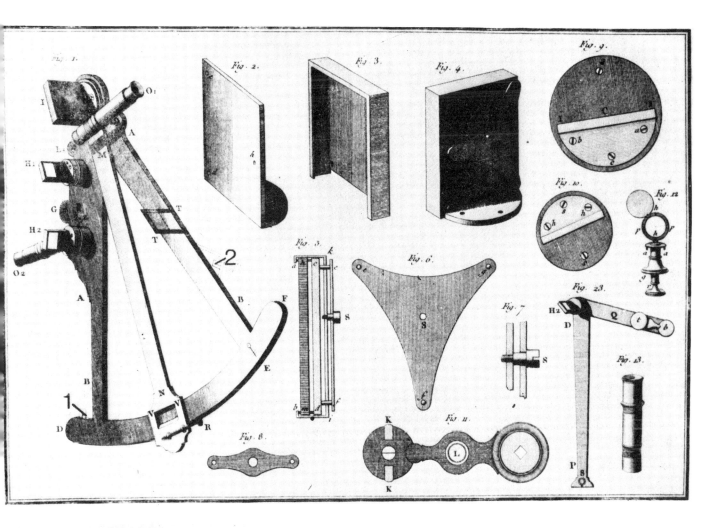

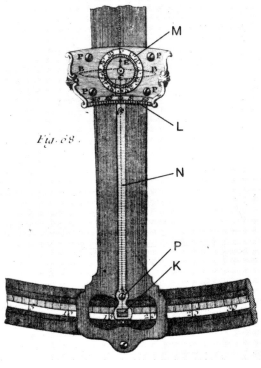

121. *Détail du vernier. L'observa-tion ayant été faite et l'alidade ser-rée, la mesure est d'abord donnée par les divisions élémentaires, ici le 1/6 de degré, soient 10'. La subdivi-sion des parties de 10' s'obtient en faisant coïncider (dans le bon sens) les divisions du vernier K avec cel-les du limbe en agissant sur la mo-lette M. Cette dernière entraîne un secteur denté en bout du levier N qui pivote autour de son axe P. On lit alors le nombre de minutes sur le petit limbe L, et le nombre de secondes sur le tambour M. On ima-gine bien la précision illusoire de ce système, pourtant très ingénieux. En effet, à quoi bon avoir la préci-sion de la fraction de minute puis-qu'il fallait compter avec des er-reurs bien supérieures de division du limbe, des erreurs de prismati-cité des verres et avec des erreurs considérables d'excentricité de l'axe du grand miroir.*

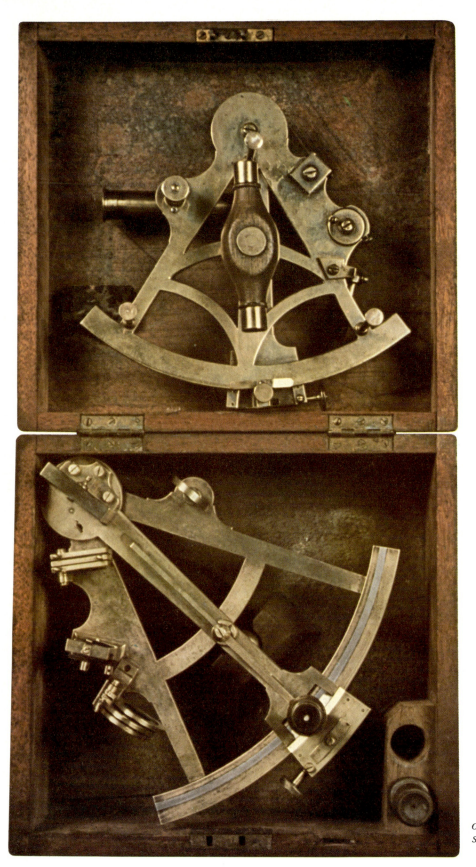

*Verso et recto de deux petits octants, fin XIXᵉ. Modèles utilisés au cabotage et à la pêche.*

# La pratique du point astronomique

Bien qu'encensée par les pilotes routiniers, l'estime, on l'a vu, avait ses limites, et la navigation astronomique, qui, en fait, n'est qu'un contrôle de l'estime, tenta, dès les premiers âges de la navigation, de résoudre le double problème de la latitude et de la longitude. Pour la première mesure c'était chose faite (à la précision près) depuis les navigateurs portugais qui, avec l'astrolabe et les Tables alphonsines, connaissaient leur latitude assez bien, mais de quelle façon ? Il faut oublier tout de notre logique contemporaine si l'on veut comprendre comment pensaient et travaillaient les marins d'autrefois. Revenons donc aux méthodes des pratiquants sur les navires portugais vers la fin du XVe siècle.

Au départ du Tage, attendant la nuit, au besoin sous voiles, en vue de terre, sur un parallèle de latitude connu, on observait l'étoile Polaire à l'astrolabe (ou au quartier de Gunter), pour une position donnée des Gardes (sans se préoccuper de la place réelle du pôle), et l'on obtenait une certaine lecture : $x°$. Parvenus plus au sud en latitude, une autre observation pour la même position des Gardes donnait $x'°$. On faisait alors la différence de ces deux lectures qui, multipliée par 16,6, donnait le nombre de lieues parcouru sur le méridien. On était loin, comme on le voit, de la belle formule claire d'aujourd'hui : L = N + D, où la hauteur suppose une correction appropriée et la déclinaison des tables justes. Pourtant, si surprenante qu'elle puisse paraître au point de vue du raisonnement, cette procédure de l'école de Sagres donnait de bons résultats.

La longitude restait le grand problème. Les partisans inconditionnels de l'estime avaient tenté d'imposer une étrange logique aux rectifications du point estimé, pour trouver la longitude en raisonnant de la façon suivante : l'estime étant ce qu'elle est — erronée par défaut d'appréciation du cap et de la vitesse réels — on peut en rectifier une

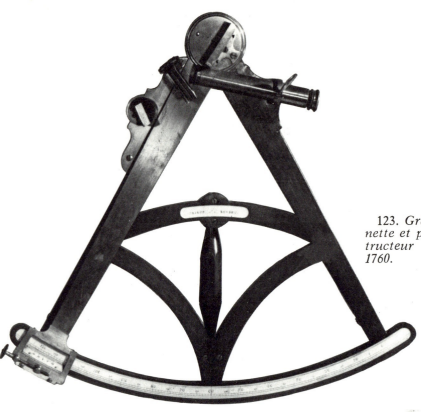

123. *Grand sextant d'ébène à lunette et pinnules, par le grand constructeur anglais Nairne. Londres 1760.*

124. *Page de titre du célèbre traité de navigation de Nathaniel Bowditch.*

des deux composantes : la latitude, grâce à l'observation directe des hauteurs méridiennes. Si donc l'erreur sur la latitude est le pourcentage ± p, on peut l'appliquer à l'erreur sur la longitude et la corriger dans le même sens. C'était une démarche tentante, mais cependant complètement dénuée de fondement.

Revenons donc aux autres bases proposées pour le calcul de la longitude. De longue date on avait établi qu'en son principe un astre parcourant les 360° du pourtour terrestre, dans le mouvement apparent, il suffisait, au moment où il passait au méridien, de savoir à quelle heure (heure locale de l'observation) il était passé au méridien origine pour déterminer à combien d'heures et de minutes (de temps vrai, moyen ou sidéral), donc de degrés et minutes d'arc, on était de ce point origine. Mais là était la difficulté, faute de transmissions, faute de garde-temps. Certains repères de temps furent très tôt imaginés : conjonctions luni-solaires, éclipses de lune, conjonction lune-planètes... En effet, ces phénomènes étant prévus pour une heure précise du méridien origine, il n'y avait plus qu'à noter l'heure locale du moment où ils se produisaient et faire la différence des temps pour connaître la longitude. Eclipses et distances lune-soleil figurent en bonne place dans les *Almanachs*, dès la fin du xve siècle (*Ephémérides*, de Regiomontanus).

En 1610, Galilée découvre les quatre premiers satellites de Jupiter et constate leur éclipse. Cassini dresse une table en 1664. Il faut pour les observer des lunettes de 15 pieds de long à fort grossissement.

*125. Octant en ébène pour visée directe et de dos, début XIXe, par Arbon et Krap, Rotterdam.*

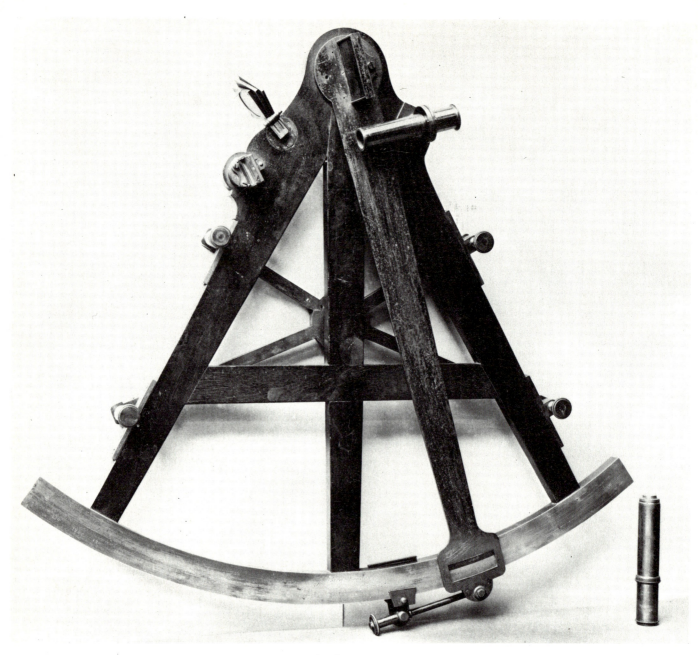

126. *Sextant par Bird, Londres, c.1770. On remarque le système métallique de raidissement du cadre par entretoises.*

Faute de bons instruments pour observer les phénomènes et faute de calculs précis des heures, la méthode ne donna guère de résultats avant les grandes expéditions géographiques du XVIIIᵉ, où l'on était alors bien équipé. Aussi les partisans de la recherche d'un bon garde-temps de l'heure origine continuèrent-ils à soutenir leur cause. On relira avec intérêt, dans le père Fournier, le point qui est fait au XVIIᵉ siècle sur les méthodes pratiquées jusque-là pour trouver la longitude.

Restait la Lune, dont on verra plus loin l'usage par la méthode des distances lunaires, méthode qui avait le mérite de ne pas nécessiter de chronomètre. On consultera sur cette question l'*Abrégé de navigation* de Lalande, 1793, qui fait le point des méthodes utilisées.

L'Anglais Graham construisit une machine destinée à déterminer la latitude et l'angle horaire (d'où G) par l'introduction mécanique des données de deux observations de hauteur dont on connaissait exactement l'intervalle de temps. C'était une tentative de résolution du célèbre problème de John Douwes, navigateur hollandais, professeur d'hydrographie et examinateur des cadets de la marine à Amsterdam, vers 1740. Ce problème n'est autre que la résolution d'un système de deux équations à deux inconnues :

$$\sin h = \sin L \sin D + \cos L \cos D \cos P$$
$$\sin h' = \sin L \sin D + \cos L \cos D \cos (P + i)$$

dont on connaissait : h, h', D, et i (intervalle court des heures).

Au XVIIIe siècle, avant les chronomètres, on calculait d'abord l'angle horaire au moyen de la latitude estimée par la formule fondamentale :      $\sin H = \sin L \sin D + \cos L \cos D \cos P$,
quelque trois heures avant la méridienne, au moment des « circonstances favorables », puis on recalculait l'angle horaire non loin du méridien, et cette valeur de P était alors utilisée pour avoir L. Les calculs de P et de L étaient donc complètement distincts.

Au moment où les chronomètres furent effectivement utilisés à bord, la formule de Borda de calcul d'heure par la hauteur fut exclusivement employée, la méridienne donnant L à midi, et l'on aurait sûrement continué plusieurs décennies avec la méthode classique, sans la découverte fondamentale d'un capitaine marchand américain. En effet, en 1828, le problème de la longitude semblait si complètement résolu que le Bureau des longitudes, institué en 1714, fut supprimé.

127. Sextant tout métal par Lenoir. Triple pinnule de visée.

109

128. *La très intéressante machi-ne à faire le point d'Edward J. Wil-lis : The Willis navigating machine. Marine type. U.S. Pat. Pending 1882. Richmond V.A. U.S.A.*

*A partir des trois éléments du point : P, L, D, affichés sur trois couronnes, grâce aux curseurs-ver-niers munis de loupes, on obtient « sans forcer » cette mécanique pré-cise, les deux autres éléments du point : hauteur estimée et azimut de l'astre observé. Pesant son poids, cet engin nécessite les coulisseaux latéraux de transport et de fixation que l'on voit, solidaires de l'appareil.*

129. *Grand sextant, par le cons-tructeur anglais Ramsden. Remar-quer le porte-lunette en position de repos. Pour observer, on ramène la lunette en arrière et on la fait pivo-ter jusqu'à la présenter dans l'axe du petit miroir.*

130. *Sextant à double cadre* (pillar sextant), *avec ses accessoires, par Troughton.*

En 1837, venant des Etats-Unis, le capitaine Sumner avait, à l'approche des côtes d'Irlande, une estime extrêmement douteuse après plusieurs jours de navigation dans la brume. Un trou dans les nuages lui permit cependant de « fusiller » le soleil un instant, dans de bonnes conditions. Sûr de sa hauteur, mais certain de sa mauvaise latitude — sur laquelle reposait cependant tout le calcul de point par la formule de Borda — Sumner eut l'idée de calculer une longitude moyenne, en prenant la latitude estimée pour la valeur qu'il avait et deux autres valeurs avec plus et moins 10'. Portant les trois points calculés sur la carte, quelle ne fut pas sa surprise de les trouver alignés sur une même droite, et il en conclut — avec raison, d'ailleurs — qu'il était sur un lieu géométrique. Autre hasard : la droite passait par la position d'un bateau-feu. Il fit route dessus — procédé que l'on appelle aujourd'hui *homing* — et il le trouva comme prévu. Sumner venait de tracer la première *droite de hauteur* et il s'en était servi pour parer aux dangers de la côte. Cette constatation, communiquée aux « milieux maritimes savants », ne tarda pas à bouleverser toutes les méthodes de navigation pratiquées jusque-là et, dix ans après, elle était institutionnalisée en France, sous le nom de point dit par

111

la méthode Marcq Saint-Hilaire. Désormais, on ne naviguait plus que par droite du matin et méridienne, et par « point d'étoiles » à droites presque simultanées à l'aube et au crépuscule.

Les raffinements ne tardèrent pas à venir pour les cas particuliers des circumpolaires et des circumzénithales, ainsi que ceux des hauteurs correspondantes. La droite de hauteur, aujourd'hui universellement connue et pratiquée, est, pourrait-on dire, le fait du sextant et du chronomètre. La navigation radio-électrique étend de plus en plus son réseau sur les mers, mais sur les bateaux les mieux équipés, les trois quarts de la surface des mers restent encore le domaine du sextant, et du garde-temps, même si le premier s'est simplifié, profilé et habillé de *design* et si le second, électronique, ne bat plus son tic-tac de la demi-seconde.

131. *Sextant à double cadre par Ramsden. Miroirs et lunette sont, comme on le voit, parfaitement protégés par le bâti métallique fixé au-dessus.*

*Dernière phase du sextant moderne, avant le sextant à tambour. Ce modèle signé Heath et Cº, Londres, date de 1900. Il est à crémaillère et à vis de réglage sans fin. Le mouvement de l'alidade, le long du limbe, se fait grâce à un système de pinces, qui dégage la vis sans fin de la crémaillère. Ce sextant possède un vaste jeu de verres colorés et un prisme de Wollaston pour dédoublage égal de l'image réfléchie de l'astre, de façon à faciliter l'observation.*

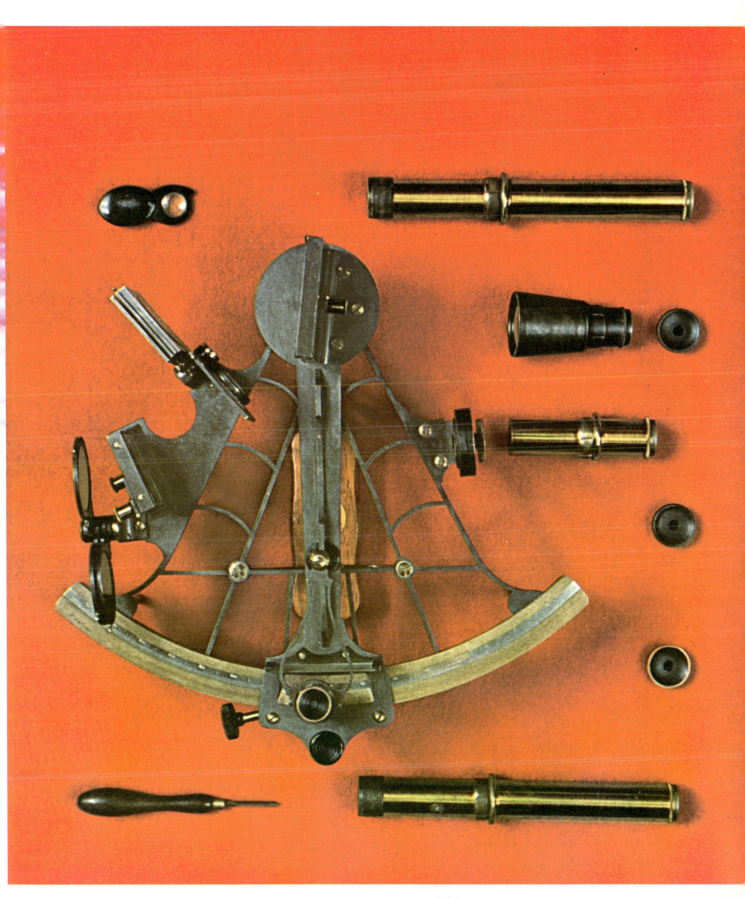

# Observations sans horizon

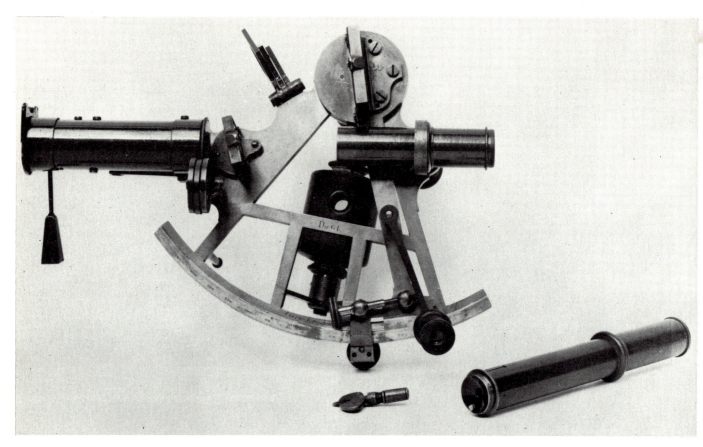

**132.** *Pour observer sans horizon.*
Avant de passer aux instruments de mesure eux-mêmes, faut-il rappeler la proposition de Daniel Bernouilli, professeur de médecine à Bâle, 1747 : un esquif surmonté d'un fanal à hauteur « exacte » de l'œil de l'observateur, et situé à quelque distance du navire, permet d'établir une ligne « horizontale » improvisée. Dès lors la hauteur du soleil se trouve affranchie de la correction de dépression. Bien entendu, cette « curiosité » resta du domaine des livres car il n'était pas question d'envoyer un canot surmonté d'un fanal à la mer, au moment d'observer.

a. — Le P. Pezenas, jésuite et professeur d'hydrographie, directeur de l'observatoire de Marseille de 1728 à 1749, décrit dans Mémoires de mathématiques (1755), un certain nombre d'instruments de mesure de hauteur des astres « sans voir l'horizon ». Le quartier d'Elton, 1730, est l'un de ceux-là. Il a réellement

existé et a été utilisé à la mer. Il s'agit d'un quartier de Davis, amélioré par deux niveaux de positionnement, (2) niveau de verticalité du plan du limbe, (3) niveau d'horizontalité de l'alidade, (1) marteau et pinnule de visée d'horizon, (4) oculaire, (5) pinnule et vernier, (6) verre « ardent ». Trois positions de ce verre sur la graduation supérieure selon les hauteurs du soleil. L'utilisation de l'appareil se comprend aisément. Viser avec alidade horizontale (niveau) et faire coulisser l'ensemble jusqu'à avoir le rayon du soleil sur le marteau (1). Le système d'observation de la bulle du niveau (3) est sans doute un verre de réflexion.

b. — *Principe du cadre de Radouay vers 1720.* En b₁ pour observation de H < 45°, en b₂ pour observation de H > 45°. (1) pinnules, (2) niveau.

c. — *Comme beaucoup d'autres*

savants, le montage à la cardan avait inspiré Hadley pour l'utilisation du quart de cercle à la mer. Il restait cependant un mouvement résiduel dont on pouvait tenir compte grâce à un balancier de mercure (4), situé dans un tube de niveau spécial (3), arrêté par un robinet au moment exact de l'observation. Une réglette graduée donnait les corrections. 1 : pinnules, 2 : bras de visée. La verticale était cependant celle de la pesanteur, donc la verticale apparente.

d. — *En 1751 déjà, Serson eut l'excellente idée de stabiliser un miroir pour observation réfléchie, grâce à un gyroscope.* L'instrument fut amélioré ensuite par Smeaton. (1) : miroir, (2) : rotule-cardan support de l'appareil, (3), volant gyro solidaire du miroir, (4) : ruban-dévidoir de lancement. L'appareil fonctionnait efficacement pendant environ 1/4 d'heure. ▶

133. *Sextant à horizon artificiel de Becker, par Cary, Londres. Pinnule ou lunette peuvent être utilisées. Le principe de cet horizon artificiel est basé sur la verticalité d'un pendule, actionnant un jeu de miroirs. On obtient de cette façon la verticale apparente.*

134. *L'octant à horizon artificiel de R. Rust est basé sur le principe très simple d'un repère d'horizon, maintenu en bonne place grâce à un contrepoids. En fait, les erreurs de parallaxe, trop fortes sur une si courte distance de repérage, ne permettaient pas des observations valables.*

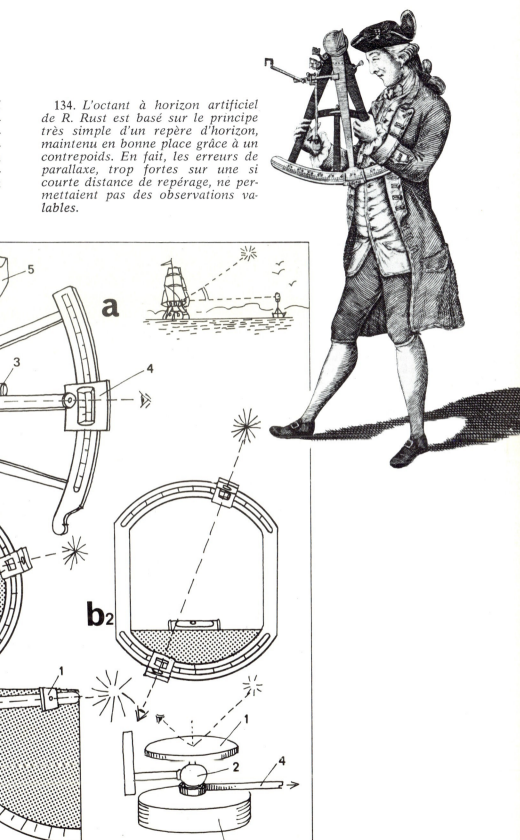

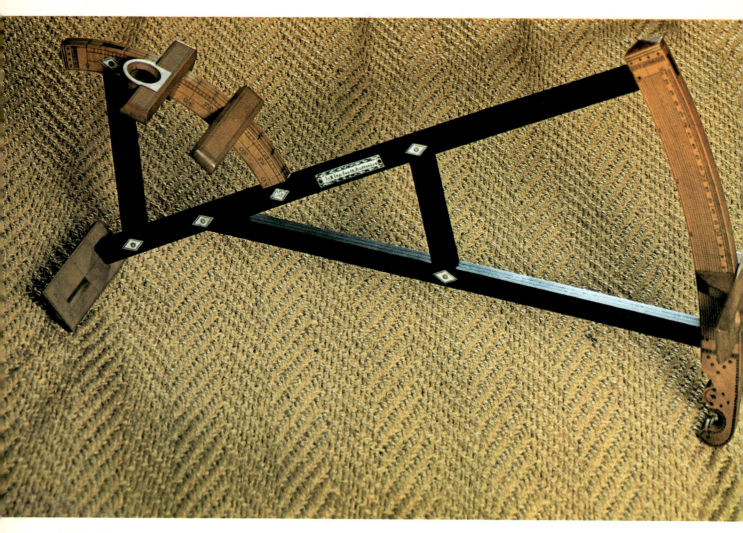

Très beau quartier de Davis à incrustations, marqué J. Kley fecit, Rotterdam. XVIIIᵉ siècle. Le petit secteur porte un marteau d'ombre classique, ainsi qu'un verre ardent, l'un ou l'autre étant utilisable selon la brillance du soleil.

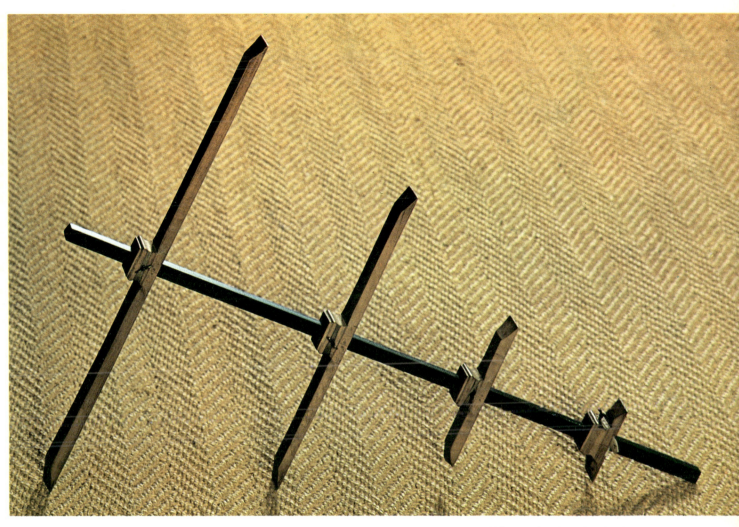

*Bâton de Jacob, à 4 marteaux (XVIIᵉ siècle). Chacun des marteaux est utilisé seul, en fonction de la plus ou moins grande hauteur du soleil, selon la latitude. Les échelles de mesure, sur les quatre faces de la verge carrée, correspondent à chacun de ces marteaux. Pièce non signée.*

135. *Sextant à horizon gyroscopi-que de l'amiral Fleuriais. Sur un sextant classique — toutefois de format plus réduit — de Lorieux, Le Petit, Succr, est monté en gyroscope avec système de visée d'une ligne horizontale tenant lieu d'horizon artificiel.*

136. *Sextant double de Rowland. Rowland's Patent à Paris, 1834. Le collier pour lunette L, monté sur la crémaillère triangulaire de positionnement A, manque. Le petit sextant, on le voit, est décollé du plus grand de la valeur du diamètre d'un miroir intermédiaire. Le grand miroir du petit sextant, mû par l'alidade, reçoit l'image d'un point D et la réfléchit sur B. Le grand miroir du grand sextant reçoit l'image d'un point E et la réfléchit sur C. B et C étant dans l'axe de la lunette, on opère une collimation. La distance angulaire DE est le total des angles donnés par les deux limbes. Cet appareil, cher, lourd et incommode, était sans doute le plus compliqué de ceux qui étaient destinés à mesurer de grands angles, et on ne le vit guère à la mer.*

# Vermessungsquintant mit Trommelablesung.

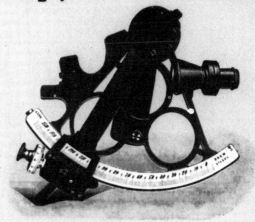

Nr. 13. Preisbuch Seite 2.

Der Radius ist bei dem Noniusschnitt 150 mm.

Der grösste zu messende Winkel beträgt 135 Grad.

Der Limbus ist in ganze Grade, die Trommel in ganze oder halbe Minuten geteilt, wie bei der Bestellung angegeben wird.

Der Quintant wird mit nur einem terrestrischen Fernrohr von 37 mm Objektivöffnung und einer 3fachen Vergrösserung geliefert. Vor dem Okular des Fernrohres befindet sich eine Revolverblende mit 3 Blendgläsern.

Die Schattengläser fehlen gänzlich.

**Bestell-Bezeichnung:** Vermessungsquintant mit Trommelablesung.

**Telegramm-Wort:** Trommelquintant.

# Loth - Sextant.

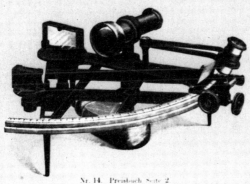

Der Radius ist bei dem Noniusschnitt ca. 190 mm.

Der grösste zu messende Winkel beträgt 130 Grad.

Der Limbus ist in 30 Minuten mit einer Noniusablesung zu 60 Sekunden = 1 Minute, geteilt.

Der Sextant wird mit nur einem terrestrischen Fernrohr von 32 mm Objektivöffnung und einer 5fachen Vergrösserung geliefert. Vor dem Okular des Fernrohres befindet sich eine Revolverblende mit 3 Blendgläsern.

Die Schattengläser, sowie der unbelegte Teil des Horizontspiegels fehlen vollständig.

**Bestell-Bezeichnung:** Loth-Sextant.

**Telegramm-Wort:** Loth.

Nr. 14. Preisbuch Seite 2.

137. *Fac-similé d'une page du catalogue général de la maison Plath, publié vers 1902 : deux « quintants », fabriqués par la grande firme allemande, au début du siècle. On sera en mesure d'apprécier l'extraordinaire modernisme de l'appareil du haut, dans son dessin général et dans la disposition de son vernier à tambour. Le quintant, utilisé en hydrographie et pour la mesure des distances lunaires, permet d'embrasser le cinquième du cercle entier (doublement multiplié du fait des miroirs tournants), soit 720°, divisés par 5, ou encore 144°. En fait, le limbe est gradué jusqu'à un peu plus de 150°.*

*Cercle à réflexion de Jecker, Paris. Fin XVIIIᵉ.*

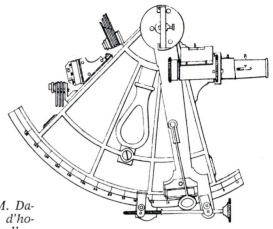

138. *Horizon de brume de M. Davidson, 1880. C'est un système d'horizon artificiel par niveau à bulle.*

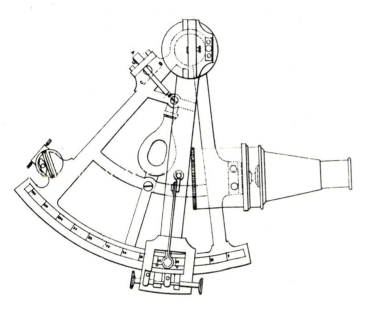

139. *Le verre allongeant de M. Laurent, 1880. Une solution intéressante pour les observations directes du centre réel du soleil.*

140. *Navisphère moderne c. 1920.*

141. *Sextant de poche de Dollond,
dans son étui-écrin.*

142. *Page de titre du catalogue général de la firme C. Plath, de Hambourg. c. 1902. On remarque l'adres-
se télégraphique : « Sextant-Ham-
burg », qui affirme la solide position
de la marque dans le domaine de
la production de ces instruments.*

# L'art de naviguer par la lune

Le rapide mouvement de la Lune sur la sphère céleste et ses conjonctions prévisibles avec les fixes, à des heures précises, donnèrent très tôt aux astronomes l'idée de s'en servir comme d'une montre à repères. On pouvait d'ailleurs employer la Lune de diverses façons : passage au méridien, hauteur, occultation des étoiles, « apulses » (la Lune et une étoile dans le champ d'une même lunette à micromètre, héliomètre ou mégamètre), conjonctions étoile-Lune, distances Lune-soleil. De toutes ces observations, celles des distances furent les seules retenues pour la pratique à la mer

Le problème se pose de la manière suivante : « Soit une étoile sur l'orbite de la Lune ; la Lune s'approche ou s'éloigne de cette étoile de la valeur de son mouvement en longitude. 1° on connaît d'abord la distance de la Lune à une étoile zodiacale ; 2° on calcule pour le même instant la distance étoile-Lune pour le méridien du lieu de l'observation. Si ces distances sont les mêmes, on est sur le méridien pour lequel le calcul a été fait, sinon, la différence est à appliquer en signes à la longitude du calcul pour trouver son propre méridien d'observation. »

On trouve cette méthode recommandée, en 1514, par Jean Werner, en 1524, par Pierre Apian, professeur de mathématiques à Ingolstadt, en 1530, par Gemma Frisius, médecin et mathématicien à Anvers, en 1560, par Pedro Nuñez, en 1600, par Kepler. Il fallait à cette méthode d'excellentes tables. L'Observatoire de Greenwich fut bâti en 1665 pour travailler aux mouvements des astres et l'astronome Flamsteed en prit la direction, ayant reçu pour mission de « s'appliquer avec le plus grand soin et la plus grande diligence à rectifier les tables des mouvements célestes et les places des étoiles fixes, afin de trouver la longitude à la mer, chose tant désirée, et de perfectionner l'art de la navigation ». On y travailla beaucoup mais, faute du nombre nécessaire d'observations, il y avait encore 5' d'erreur dans les tables.

En 1714, on alla plus loin, le Parlement d'Angleterre créa un comité pour l'examen des longitudes et « autres choses relatives au bien de la navigation ».

En 1765, Tobie Mayer, professeur à Göttingen, présenta des tables lunaires qui furent primées par le Board of Longitudes, puis Maskelyne, en 1767, astronome royal, rendit général l'usage de la méthode lunaire. On avait alors la longitude à 1° près ! Il publia en même temps les premières éphémérides nautiques destinées aux marins.

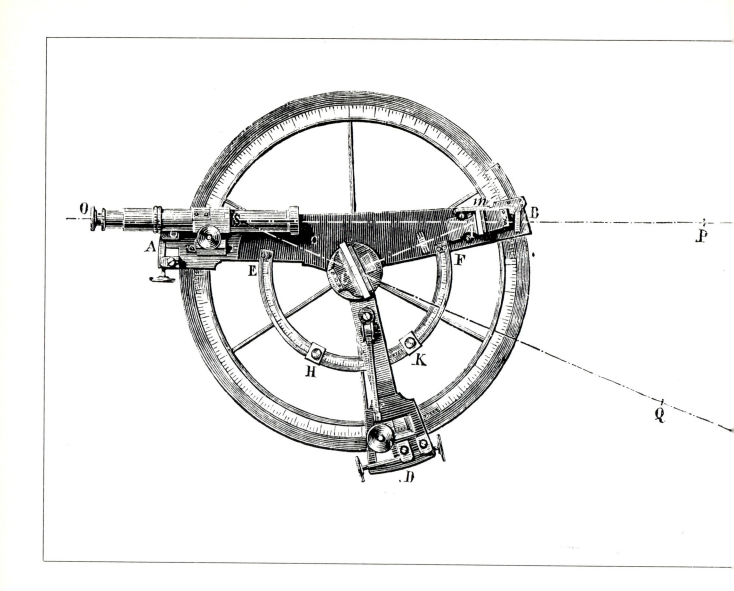

Lalande, en France, publia la méthode dans la *Connaissance des temps* de 1774-1775, avec une introduction. En France, Bouguer, 1753, Lemonnier, 1755, Pingré, 1758, La Caille, 1759, avaient déjà employé des variantes de la méthode d'observation et de calcul de Maskelyne. Les tables de Shepherd, publiées en 1790, permirent enfin une précision du demi-degré de longitude.

Ainsi qu'il en fut toujours, au moment où les calculs se compliquaient, on vit éclore des graphiques — abaques de résolution (Maingon) —, un compas sphérique (Rochon), un triangle de calcul (Richer), un compas à quatre branches (Seguin).

Les distances lunaires se portaient bien. On naviguait à la Lune dans la flotte de Suffren (de 1780 à 1784), car il n'y avait pas de chronomètre à bord, et d'ailleurs, même en cette fin du XVIIIᵉ siècle, peu de gens croyaient aux montres dans la marine.

Aux premières et timides observations du début — à l'héliomètre de Bouguer, au mégamètre de Charnières — succédaient les distances de grande amplitude, celles-là, indépendantes des conditions de temps (mouvements du navire) et de l'horizon. Il y fallait des instruments de mesure d'angles dépassant la capacité de l'octant, du sextant, voire du quintant. C'est ainsi que fut inventé le cercle à réflexion,

124

**144.** *Le cercle à réflexion sert à mesurer les grands angles. Il comprend un cercle divisé monté sur une poignée perpendiculaire à son plan. Deux alidades AB et CD, mobiles autour du même axe, indépendantes l'une de l'autre, équipent l'appareil. Sur l'alidade AD se trouvent une lunette, une pince à vis de pression ou vis de rappel, un vernier en B et un petit miroir demi-étamé. Sur l'alidade CD on trouve un grand miroir, un vernier en D, une pince avec vis de pression et vis de rappel, enfin une loupe. En visant par la lunette on voit P et Q par double réflexion. PSQ est le double de l'angle des deux miroirs (principe des miroirs tournants). L'appareil peut fonctionner également comme un sextant, le limbe étant gradué comme sur ce dernier, au double, de 0 à 720°. Mais son intérêt consiste à pouvoir utiliser le principe de la « répétition » pour la mesure des angles. On obtient ainsi un multiple entier de la portion d'arc à mesurer et, l'opération ayant été répétée, par exemple, n fois, en divisant ce résultat par n, on aura la valeur de l'arc, l'erreur étant elle-même divisée n fois.*

*La portion d'arc concentrique, FKHE, avec ses deux équerres-cales H et K, destinées à faciliter les mesures de répétition, s'appelle « arc concentrique de Mendoza » (bien que le cercle de Mendoza n'en possède pas, ayant un cercle entier concentrique au cercle extérieur de mesure). En combinant les deux modes d'observation, par la droite ou par la gauche de la lunette, on obtient des observations « croisées » qui dispensent de déterminer la position des alidades, pour laquelle les miroirs sont parallèles. Cette méthode fait disparaître les erreurs dues aux défauts de parallélisme des verres colorés.*

*Les rectifications du cercle à réflexion sont au nombre de quatre :*

*1° Perpendicularité du grand miroir par rapport au plan du limbe ;*

*2° Perpendicularité du petit miroir par rapport au plan du limbe ;*

*3° Parallélisme de l'axe optique de la lunette par rapport au plan du limbe ;*

*4° Rectification des curseurs.*

*L'erreur instrumentale résiduelle est la distance angulaire entre le 0 du limbe et le 0 du vernier.*

*Pour l'emploi du cercle à réflexion, on pourra consulter le* Dictionnaire des mathématiques appliquées, *de* Sonnet, *ou le* Cours de navigation et d'hydrographie, *de E.-P. Dubois.*

---

capable d'embrasser le demi-cercle. Le cercle à réflexion, d'autre part, affranchissait les mesures des erreurs de divisions. En 1752, Tobie Mayer, qui effectuait des travaux de géodésie en Allemagne, fut le précurseur du principe de la répétition des angles. Un cercle, dont le dessin figure dans *Theoria Lunae*, Londres, 1767, fut présenté au Board of Longitudes, en 1755, et essayé par l'astronome Bradley et le capitaine Campbell. Borda le modifia en 1775 avec une lunette plus courte et un petit miroir sur l'extérieur du limbe, de façon à recevoir une image d'un côté ou de l'autre de la lunette. En 1801, Mendoza, partant d'un autre principe, monta un vernier concentrique à la couronne graduée du cercle de Borda.

Sur ces deux principes, de nombreux cercles ont été réalisés par des constructeurs anglais et français, et l'on se servit intensément des distances lunaires jusque vers 1850-1860, date à laquelle les navires commencèrent à être équipés de chronomètres. Pour sa part, la *Connaissance des temps,* en France, cessa de publier les tables des distances de la Lune à huit principales étoiles à partir de 1904. Mais le cercle à réflexion, utile pour la mesure des grands angles à plat, est devenu, depuis, l'instrument idéal des relevés hydrographiques (*stadimeter,* en anglais).

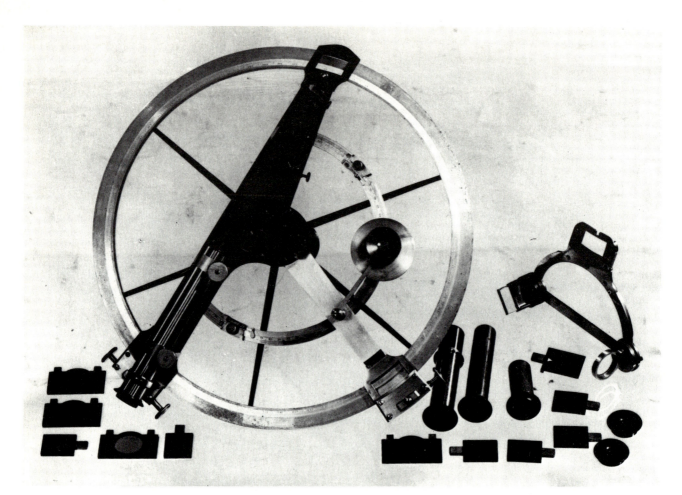

145. *Cercle à réflexion de Borda, utilisé par Dumont d'Urville. L'appareil figure avec ses principaux accessoires : verres colorés, bonnettes, lunettes et étrier porte-miroir et collier de lunette pour double visée.*

146. *Carte commerciale de Lerebours. constructeur à Paris.*

147. *Cercle à réflexion de Mendoza. On distingue parfaitement les deux cercles gradués concentriques et l'étrier-support des axes de ces deux cercles, caractéristiques dans ce type d'appareil. Grâce à ses deux poignées, le cercle de Mendoza peut être utilisé pour la mesure des distances angulaires à plat aussi bien que verticales.*

148. *Cercle à réflexion par William Heather, du type à double couronne de Mendoza.*

*Globe terrestre par Mercator XVIᵉ siècle. Les sphères sont le symbole de la connaissance géographique de leur époque. A partir du XVIᵉ siècle, on en trouve dans toutes les bibliothèques, a fortiori dans tous les cabinets scientifiques des siècles suivants. A côté de pièces extraordinaires, comme les globes terrestre et céleste de 4,75 m de diamètre et datés de 1683 par le P. Vincenzo Coronelli, on trouve des sphères plus modestes, commercialisées, telles celles de W.J. Blaeu, cartographe officiel des Pays-Bas, depuis 1633. Toutes ces sphères sont, dès ce moment, équipées d'un cercle d'horizon et d'un cercle méridien coulissant, qui permet de mettre la ligne des pôles à l'inclinaison de la latitude.*

## MODÈLE D'UN CALCUL DE LONGITUDE.

LE 20 Octobre 1776, étant par 20° 29' 29" de Latitude Nord, & par 67° 30' de Longitude estimée Occidentale ; (ce qui en temps donne 4 h. 30') à 2 h. 42' 20" sur la Montre, on a observé la Hauteur du bord inférieur du Soleil, de 39° 30' 18", ayant l'œil élevé de 18 pieds : après quoi, on a fait les Observations suivantes.

### OBSERVATIONS.

| | Temps à la Montre. | Dist. obf. des plus proches bords du Soleil & d. la L. | Hauteurs obser. du bord inférieur du Soleil. | Hauteurs obser. du bord inser. d. l. Lune. |
|---|---|---|---|---|
| | 4ʰ 2' 10" | 94° 51' 25" | 20° 20' 30" | 32° 15' 30" |
| | 4 17 16 | 95 1 18 | 17 19 6 | 34 15 30 |
| | 4 25 15 | 95 7 14 | 15 41 21 | 36 15 30 |
| | 4 30 15 | 95 9 51 | 14 41 53 | 37 10 30 |
| Somme......... | 17 14 56 | 380 11 48 | 68 12 56 | 140 37 0 |
| Dont le quart.... | 4 18' 44" | 95° 3' 57" | 17° 3' 14" | 35° 9' 15" |
| | Heur. moyenne. | Dist. moyenne. | Haut. moyenne. | Haut. moyenne. |

### CALCUL DE L'HEURE VRAIE, Comptée sur le Vaisseau.

#### CORRECTION DE LA HAUTEUR.

| | | |
|---|---|---|
| Hauteur observée du bord inférieur du Soleil...... | 39° 30' 18" | |
| Inclinaison de l'Horison, pour 18 pieds, Soustractive. | 4 21 | |
| Hauteur apparente du bord inférieur........ | 39 25 57 | |
| Réfraction Soustractive.............. | 1 20 | |
| | 39 24 37 | |
| Parallaxe Additive................ | 7 | |
| Hauteur vraie du bord inférieur........ | 39 24 44 | |
| Demi-Diamètre Additif.............. | 15 8 | |
| Hauteur vraie du centre du Soleil........ | 39 0 52 | |
| Distance vraie du Soleil au Zénith........ | 50° 19' 8" | |

#### CALCUL DE LA DÉCLINAISON.

| | |
|---|---|
| Différence Occidentale des Méridiens...... | 4ʰ 30' 0" |
| Temps Astronomique comptés à bord......... | 7 12 20 |
| Temps Astronomique compté au même instant à Paris... | 7 12 20 |
| Déclinaison du Soleil le 20 à Midi........ | 10° 39 16 |
| Déclinaison du Soleil le 21 à Midi........ | 11 0 37 |
| Variation en 24 heures............ | 21 21 |
| Variation en 7 heures 12 minutes 20 secondes.... | 6 24 |
| Déclinaison du Soleil le 20 à 7 h. 12 min. 20 sec.... | 10 45 40 |
| Distance du Soleil au Pôle élevé........ | 100° 45' 40" |

#### CALCUL DE L'ANGLE HORAIRE.

| | | |
|---|---|---|
| Distance du Soleil au Zénith........ | 50° 19' 8" | |
| Dist. du Soleil au Pôle élevé....... | 100 45 40 | Comp. ar. Sin. 0.007705 |
| Distance du Pôle au Zénith....... | 69 30 31 | Comp. ar. Sin. 0.028388 |
| Somme............ | 220 35 19 | |
| Demi-somme.......... | 110 17 39 | |
| Dif. de la ½ som. à la Dif. au Pôle... | 9 31 59 | Logarit. Sin. 9.219104 |
| Dif. de la ½ som. à la dist. du Pôle au Zén. | 40 47 8 | Logarit. Sin. 9.815364 |
| Somme des 2 Logar. Sin. & des 2 Complem. Arithmétiques. | 19.070203 | |
| ½ Som. ou Log. Sin. de la moitié de l'Ang. horaire. | 9.535101 | |
| Angle Horaire en dégrés....... | 40° 6' 14" | |
| Angle Horaire en temps, ou heure de l'observation... | 2ʰ 40' 25" | |
| Heure marquée à la Montre......... | 2 42 20 | |
| Erreur de la Montre A......... | 1 55 | |
| Heure de l'Observation de la distance....... | 4 18 44 | |
| Heure vraie de cette Observation........ | 4 16 49 | |
| Différence Occidentale des Méridiens....... | 4 30 0 | |
| Heure comptée à Paris au même instant......... | 8ʰ 46' 49" | |

### Calcul du demi-Diamètre de la Lune.

| | | |
|---|---|---|
| Diam. hor. le 20 à midi. | 31' 42" | |
| Diam. hor. le 21 à midi. | 32 8 | |
| Changement en 24 heur. | 26 | |
| Chang. en 9 h. 47 min. | 11 | |
| Diam. hor. le 20 à 8 h 47'. | 31 53 | |
| Demi-Diamètre...... | 15 53 | |
| Aug. du ½-Diam. p. 35°. | 5 | |
| Vrai demi-Diamètre... | 16' | |

### Calcul de la Parallaxe Horisontale.

| | | |
|---|---|---|
| Paral. hor. le 20 à midi. | 58' 2" | |
| Par. hor. le 20 à minuit. | 58 25 | |
| Changement en 12 heur. | 23 | |
| Changement en 8 h. 47 m. | 17 | |
| Par. hor. le 20 à 8 h. 47 m. | 58 20 | |

### Correction de la Hauteur observée du Soleil.

| | | |
|---|---|---|
| H. ob. du b. inf. du S. | 17° 3' 14" | |
| Inclinaison Soustract. | 4 21 | |
| Haut. ap. du b. inf. | 16° 58' 53" | |
| Demi-Diam. addit. | 16 8 | |
| Haut. sp. du centre. | 17 15 1 | |
| Parallaxe additive. | 8 | |
| | 17 15 9 | |
| Réfraction soustract. | 3 20 | |
| Hauteur vraie. | 17° 11' 49" | |

### Correction de la Hauteur observée de la Lune.

| | | |
|---|---|---|
| Haut. ob. du bord inf. | 35° 9' 15" | |
| Inclinaison Soustract. | 4 21 | |
| Haut. ap. du bord inf. | 35 4 53 | |
| Demi-Diamètre add. | 16 | |
| Haut. ap. du centre. | 35 20 53 | |
| Correct. additive. | 46 14 | |
| Hauteur vraie. | 36° 7' 13" | |

### Correction de la distance observée des plus proches bords du Soleil & de la Lune.

| | | |
|---|---|---|
| Dist. observ. des plus proches bords du Sol & d. la Lune | 95° 3' 57" | |
| ½-Diamètre du Sol. | 16 8 | |
| ½-Diam. de la Lune. | 16 5 | |
| Dist. ap. des centres. | 95° 30' 10" | |

## RÉDUCTION DE LA DISTANCE APPARENTE A LA DISTANCE VRAIE.

Méthode de M. le Chevalier DE BORDA.

| | | |
|---|---|---|
| Distance apparente de la Lune au Soleil.... | 95° 36' 10" | |
| Hauteur apparente de la Lune....... | 35 20 59 | Comp. arith. du Cosinus. 0.088504 |
| Hauteur apparente du Soleil....... | 17 15 1 | Comp. arith. du Cosinus. 0.019988 |
| Somme............ | 4 12 10 | |
| Demi - Somme......... | 74 6 5 | Logarithme du Cosinus. 9.437649 |
| Différence de la demi-Somme à la Distance apparente. | 21 30 5 | Logarithme du Cosinus. 9.968074 |
| Hauteur vraie de la Lune....... | 36 7 13 | Logarithme du Cosinus. 9.907294 |
| Hauteur vraie du Soleil....... | 17 11 49 | Logarithme du Cosinus. 9.980137 |
| Somme des Hauteurs vraies...... | 53 19 2 | Somme des six Logarith. 39.402146 |
| Demi-Somme des Hauteurs vraies.... | 26 39 31 | Demi-Somme. 19.701123 |
| Soustrayez de cette demi-somme le Logarithme du Cosinus de la demi-Somme des Hauteurs vraies. | | 9.951189 Idem...... 9.951189 |
| Reste le Logarithme du Sinus de..... | 34° 12' 43" | 9.749934 dont le Logarith. du Cosinus est 9.917487 |
| La Somme de ces deux derniers Logarithmes est le Sinus de | 47° 39' 3" | 9.868576 |
| dont le double est la Distance vraie ou corrigée. | 95° 18' 6" | |

## CONCLUSION DE LA LONGITUDE.

| | | |
|---|---|---|
| Distance vraie ou corrigée. | 95° 18' 6" | |
| Distance de la Lune au Soleil, à 6 h. 9' 16". | 93 57 36 | Différence de Distance 1° 20' 30". Son Logarithme proportionnel... 3495 |
| Distance de la Lune au Soleil, à 9 h. 9' 16". | 95 32 11 | Variat. de Dist. à 3 h. 1° 34' 35". Son Logarithme proportionnel... 2795 |
| Différence des Logarithmes proportionnels qui répond à... | 2ʰ 33' 12", | qui ajouté à 6 h. 9' 16", donnent 8 h. 42' 28". 700 |
| Temps vrai compté à Paris....... | 8 42 28 | |
| Temps vrai compté sur le Vaisseau..... | 4 16 49 | |
| Différence Occidentale des Méridiens en temps. | 4ʰ 25' 39" | qui en dégrés donnent 66° 24' 15" pour la Longitude Occidentale cherchée. |

149. *Modèle de calcul de longitude pour observation d'une distance lunaire (Soleil-Lune) par la méthode de Borda. Dans le Guide du navigateur de Lévêque, Nantes, 1779. On peut se rendre compte de la complexité de l'opération qui justifie l'invention de l'abaque de la page ci-contre.*

150. *Les marins ont toujours détesté le calcul « à la main », lui préférant les abaques. Notre époque se montre d'ailleurs parfaitement fidèle à la tradition, ayant adopté les calculatrices électroniques de poche. A l'époque où l'on pratiquait d'abondance la méthode des distances lunaires (entre 1880 et 1910), il était normal qu'un instrument graphique vît le jour. Voici le planisphère de Hue, professeur d'hydrographie, appareil acheté par le Dépôt de la Marine. Le lecteur trouvera sur cette reproduction toutes les instructions nécessaires à l'emploi de l'appareil.* ▶

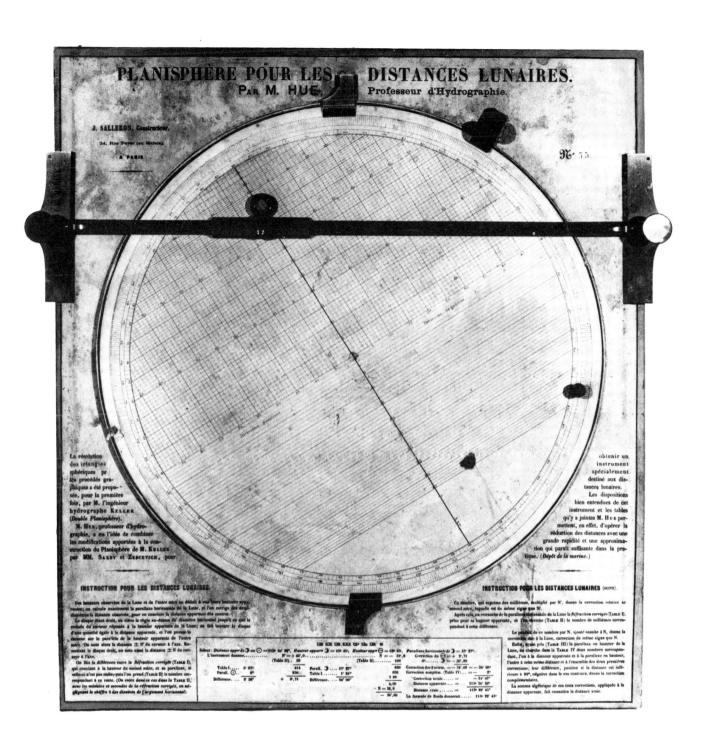

◄ *Cadran solaire universel à alidade.*
*Le réglage du cercle équatorial se*
*fait grâce au secteur de 90°, qui per-*
*met de régler la hauteur du pôle au-*
*dessus de l'horizon (égal à la latitude*
*par définition). L'appareil étant*
*orienté dans le plan méridien, grâce*
*à la boussole, la visée du soleil à tra-*
*vers les pinnules de l'alidade entraî-*
*ne l'aiguille des heures du cadran.*

*Divers sabliers, XVII<sup>e</sup> siècle. A*
*gauche : buffet d'orgue à deux sa-*
*bliers d'une demi-heure et d'un quart*
*d'heure. A droite : sablier classique à*
*deux fioles. Les trois autres sabliers*
*à fioles étranglées, heure et demi-*
*heure, permettent d'apprécier les*
*quarts d'heure, en fonction du degré*
*de vide des ampoulettes.*

133

# 4
# L'heure
# à la mer

Elément du point astronomique, élément de l'estime pour le calcul de la vitesse, élément même de la vie quotidienne du bord, l'heure à la mer, avec la manière de la connaître et de la conserver, a toujours été une des grandes préoccupations des marins depuis les débuts de la navigation scientifique.

Avant d'examiner les moyens avec lesquels les navigateurs ont résolu leurs problèmes, il n'est pas inutile de revenir sur les notions élémentaires du temps-durée, qui rythme les saisons, les mois, les jours et leurs subdivisions, en fonction du mouvement des astres errants et fixes.

Le temps est une notion des plus primitives, et si l'on admet qu'il s'écoule et que deux phénomènes identiques ont la même durée, l'idée vient aussitôt des temps égaux et, par suite, de leur mesure. Les chronomètres, les montres, les horloges, ne sont-ils pas des appareils destinés à mesurer le temps, grâce à l'artifice d'une succession de mouvements identiques de très courte durée chacun ?

Une des premières notions d'une unité de temps vint du retour quotidien du soleil. Le jour solaire est l'intervalle de temps qui s'écoule entre deux passages successifs du centre du soleil au méridien d'un même lieu. Ce temps solaire est le temps vrai, et le passage au méridien, le midi vrai. Le jour solaire est un peu plus long que le temps sidéral. Si l'on considère en effet le soleil au moment de son passage au méridien, un jour sidéral plus tard, on voit que, pendant que le globe a fait une révolution complète sur son axe, le soleil a parcouru, sur l'écliptique, un certain arc dans le sens de son mouvement propre, c'est-à-dire en sens contraire du mouvement diurne des étoiles. Il faut donc un intervalle de temps un peu plus long qu'un jour sidéral pour que le soleil revienne au méridien. Le jour solaire dépasse le jour sidéral d'environ 4 mn. De plus, le jour solaire n'est pas constant, cela tient à ce que la vitesse du soleil sur l'écliptique n'est pas égale ; décélérée du périgée à l'apogée, accélérée de l'apogée au périgée, en sorte que l'arc parcouru par le soleil sur l'écliptique pendant un jour sidéral est une quantité variable. D'autre part, à cause de l'obliquité de l'écliptique sur l'équateur, deux arcs égaux de cette courbe projetée sur l'équateur ne sont pas égaux en projection, d'où il résulte que des arcs d'écliptique n'emploient pas le même temps à passer au méridien. Le jour solaire le plus long a lieu le 23 décembre, il surpasse le jour moyen de 30 s, le jour solaire le plus court a lieu le 16 septembre et surpasse le jour sidéral de 21 s. Remarquons qu'il ne s'agit pas ici de la durée du jour ou de la nuit, mais bien du retour de deux passages méridiens.

Le moment est venu de définir le *temps sidéral*, évalué par la marche des étoiles. Le jour sidéral est l'intervalle de temps qui s'écoule entre deux passages successifs d'une même étoile au méri-

151. *Sphère armillaire. Bois gravé. XVIIe siècle.*

dien du lieu. Contrairement au jour vrai, le jour sidéral est constant, sa durée est un peu moindre que celle du jour solaire. Les horloges d'observatoire sont réglées sur le temps sidéral, unité parfaite de durée égale, mais pour les besoins de la vie courante, et particulièrement à la mer où l'on vit avec le soleil (comme à la campagne), il fallait inventer un artifice pour passer du temps solaire vrai (observable par la position réelle du soleil) au temps moyen donné par une horloge qui ne varie pas et qui écoule ses unités de temps de façon régulière. **Les astronomes ont donc imaginé un** *soleil fictif,* **parcourant l'écliptique et passant à l'apogée et au périgée en même temps que le soleil vrai. Le second soleil fictif, qui parcourt l'équateur d'un mouvement uniforme et se trouve aux mêmes points que les projections du soleil fictif, s'appelle le** *soleil moyen.* **La durée entre deux passages du soleil moyen au méridien est donc par définition égale.**

Les astronomes comptent le temps moyen de midi à midi, mais le jour civil commence à minuit. Pour comparer le temps moyen au temps vrai, il faut connaître l'*équation du temps,* que l'on ajoute algébriquement au temps vrai. **La connaissance des temps donne pour tous les jours de l'année le temps moyen à midi vrai, c'est-à-dire le nombre des minutes et secondes comprises entre midi vrai et midi moyen. Les quantités négatives n'étant pas d'emploi commode, on a ajouté douze heures, les calculs d'heures se faisant à douze heures près. Cette valeur s'appelle l'équation du temps.**

Autre élément du temps qui intéresse le navigateur : le jour et le mois lunaires. Certains peuples primitifs, on le sait, comptaient en lunes. Mais la marée, directement en relation avec les phases de cet astre, oblige le marin lui aussi à se préoccuper du calendrier lunaire. Le jour lunaire est l'intervalle de temps qui s'écoule entre deux passages successifs de la Lune au même méridien. Sa durée moyenne est de 24 h 50,5 mn de temps moyen. La durée de la révolution synodique est de 29 jours 12 h 44 mn 2,9 s de temps moyen. Mais dans cet intervalle de temps, la Lune, en vertu de son mouvement, a passé une fois de moins que le soleil au méridien. Il s'ensuit que l'heure lunaire moyenne vaut : 1 h 2,6 mn 2 s.

Voici donc quelques notions de temps rappelées, elles ne seront pas inutiles pour accompagner l'étude des instruments basés sur l'observation directe du soleil ou de la Lune, donc gradués en heures vraies ou lunaires.

Revenons aux garde-temps que les marins ont pu utiliser au cours des âges. Sans doute, le compte des jours ou des lunes est déjà un premier élément de base, de même que midi vrai, heure du passage du soleil au méridien supérieur, ainsi que minuit vrai, passage au méridien inférieur, que l'on ne peut observer qu'aux pôles. Il fallait diviser et repérer les heures de la journée de façon plus fine.

*Sablier d'une demi-heure, dit horloge à retournement, sans marque ni date, début XIXᵉ. Le verre du sablier est de 15 cm de haut sur 8 de diamètre.*

*Petit sablier de 15 s, dit ampoulette ou demi-ampoulette, utilisé pour des mesures courtes au loch à bateau. En effet, si l'on n'avait pas besoin d'une extrême précision, la moitié de la mesure ordinaire suffisait, et cela facilitait aussi les opérations pénibles de rentrée de la ligne de loch.*

Aucun récit de mer ne fait état de clepsydre à liquide ; en revanche, le sablier apparaît à bord dès le XIVe siècle, et bien qu'il n'ait été utilisé que pour des petites durées, on aurait pu l'imaginer de quatre heures à ses débuts, comme il le fut plus tard. Aucune pendule ne se montra capable de résister aux mouvements de la mer et les cadrans solaires, bien que présentés dans cet ouvrage comme instruments marins et réellement emportés dans les bagages des navigateurs, ne pouvaient être utilisés au cours du voyage, faute d'orientation fixe sur le méridien, faute aussi d'une bonne stabilité de plate-forme pour l'ombre du gnomon. Le cadran universel, tenu par un anneau, échappe seul à la règle.

Les montres de poche, fabriquées dès le XVe siècle, n'étaient pas plus mauvaises en mer que sur terre. C'est-à-dire qu'elles étaient assez médiocres, et finalement on peut affirmer qu'avant les chronomètres, vers 1760, les marins vivaient à l'estime du soleil, comme les paysans, et sans doute à l'heure des sabliers, qui mesuraient les quarts.

Longtemps dans la marine, jusqu'à la fin du XIXe et pendant une partie du XXe, on a vécu à bord des navires à l'heure solaire, c'est-à-dire à l'heure de midi vrai. L'heure de la culmination de la méridienne servait à piquer les quatre coups doubles, et c'est ainsi qu'on changeait d'heure pratiquement tous les jours. Mais cela avait bien peu d'importance sur des bâtiments coupés du reste du monde. Il valait même mieux vivre à l'heure solaire. Les calculs, eux, s'effectuaient sur l'heure du chronomètre, réglé en temps du méridien d'origine (Greenwich ou Paris). En revanche, à l'époque des liaisons radio, imposant des heures de veille et des périodes de silence, l'*heure des fuseaux*, proposée par l'Américain Fleming, fut vite agréée. La France s'y rallia en 1911. Les changements d'heure à bord se font désormais par unité entière et non de la valeur journalière de la progression en longitude. On avance ou on retarde d'une heure pendant la nuit, de 20 mn à chaque quart.

Encore un mot sur le changement de date en franchissant le méridien 180. A leur retour en Europe, les compagnons de Magellan, qui revenaient avec la *Victoria* — le grand navigateur étant mort aux Moluques — se trouvaient en différence d'un jour entier avec le calendrier. En effet, ayant bouclé le tour du monde, ils avaient doublé le méridien 180 sans changer de date et c'est la première fois dans l'histoire des voyages et de la navigation que l'on s'apercevait de ce phénomène pourtant bien explicable. Supposons un navigateur partant d'Europe et faisant route vers l'ouest, qui emporte une montre réglée sur le port de départ. Chaque fois qu'il aura parcouru 15° de longitude, sa montre avancera d'une heure tandis que le soleil passera au méridien local une heure plus tard qu'au port de départ. Comme il y a 24 fois 15° dans le tour de la Terre de 360°, quand le navigateur aura fait le tour complet et sera revenu à son point de départ, il aura compté un jour de moins qu'on n'en aura compté à terre depuis le début du voyage. L'erreur aura lieu en sens contraire pour un navire allant vers l'est, et il se trouvera avec un jour de trop à son retour. Ainsi, sans réfléchir particulièrement au problème, en passant au méridien 180, la règle d'or consiste à redoubler la date si l'on va vers l'ouest et à soustraire un jour, si l'on va vers l'est. Il n'y a là aucun mystère, car en fait le jour civil commence au passage du soleil au méridien inférieur (méridien 180). Si l'on regarde la Terre depuis le pôle Nord, toute la partie à l'ouest du méridien est déjà au jour $n + 1$, et cela jusqu'au méridien où se trouve alors le soleil, tandis que tout le reste depuis 180° jusqu'au méridien du soleil, n'est encore qu'au jour $n$.

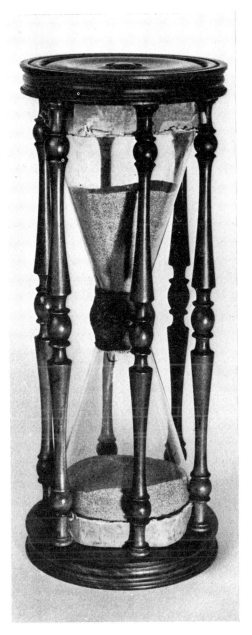

152. *Sablier d'une heure français, c. 1850.*

# Les horloges à sable

153. *Ensemble de 12 sabliers de divers types et époques. En bas, au milieu, détail des trois pièces constitutives avant assemblage, montrant les deux parties en verre soufflé et la pastille à trou calibré servant de compteur.*

138

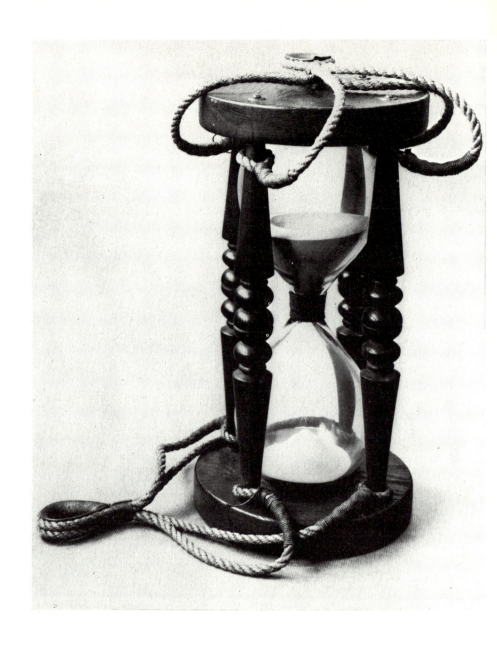

*154. Sablier de bord, reconstitution moderne avec ses deux pattes d'oie et ses œils de suspente, destinés à être crochés tour à tour à un croc de barrot, lors des retournements.*

Les sabliers ne sont que des clepsydres garnies de sable. Très anciens instruments de mesure du temps qui s'écoule, on les voit à bord dès les premières grandes expéditions maritimes. Les deux fioles coniques sont réunies par un assemblage de fils et mises en communication l'une avec l'autre par une plaque à trou calibré. Le sable très fin qui sert à garnir les sabliers est généralement fait de coquilles d'œufs finement pilées ou, d'après les Anciens, de poudre de marbre noir « séchée neuf fois ». A bord, les sabliers de 1/2 h étaient appelés « horloges », ou « horloges à sablon ». On les tournait à partir du « top » de midi, et ainsi de suite, jusqu'au lendemain. L'usage se prit bientôt de piquer un coup de cloche de timonerie à chaque retournement, et cela explique le vieil usage de la marine à voile de piquer des coups doubles aux heures rondes et quatre coups doubles à minuit, 4 h, 8 h, 12 h, etc., ce nombre de coups symbolisant le nombre des sabliers retournés.

La précision était toute relative. L'histoire de la flotte de Duguay Trouin, prise dans un sombre brouillard, au large du Spitzberg, en 1703, en donne un exemple : « Les brumes sont si fréquentes dans ces parages qu'elles nous firent tomber dans une erreur fort singulière. On se sert dans nos vaisseaux d'orloges de sable d'une demi-heure, que les timoniers ont soin de retourner huit fois pour marquer chaque quart, qui est de 4 heures, au bout duquel l'esquipage se relève. Or il est assez ordinaire que les timoniers, pour abréger un peu leur quart, tournent cette orloge avant qu'elle soit toute escoulée. Cela s'appelle « manger du sable ». Cette erreur, ou plutôt cette malice, ne se peut redresser qu'en prenant hauteur de soleil et comme nous le perdîmes de vue pendant neuf jours consécutifs, par une brume continuelle, que d'ailleurs dans la saison et dans la latitude où nous estions, le soleil ne fait que tourner autour de l'horizon, ce qui rend alors les jours et les nuits également clairs, il arriva que les timoniers, à force de manger du sable, parvinrent au bout de huit jours, à faire du jour la nuit et de la nuit le jour, si bien que tous les vaisseaux de l'escadre sans exception trouvèrent au moins dix à onze heures d'erreur avant que le soleil reparût. Cela avait tellement dérangé les heures des repas et du sommeil qu'en général nous avions tous envie de manger quand il fallait dormir et de dormir quand il était question de manger. Mais nous n'y fîmes attention qu'après avoir été désabusés en reprenant hauteur [1]. »

L'usage des sabliers se maintint jusqu'aux premières années du XIXe siècle. Les grands sabliers de 4 heures étaient appelés « sabliers de combat », retournés quand on craignait que les coups de canon du bord ne provoquent des sauts dans les montres.

On connaît bien le sablier d'une demi-minute, ou ampoulette, utilisé avec le loch, mais l'usage des sabliers à buffet d'orgues ou des sabliers très ornés n'est pas du tout incompatible avec la mer, même si, à côté de ces pièces de belle orfèvrerie, on trouve des sabliers d'aspect plus fruste, gréés de pattes d'oie et d'œils destinés à être suspendus à un croc de barrot.

1. L'orthographe de l'époque a été respectée.

# Les cadrans solaires

Les cadrans solaires sont vieux comme le monde, et il est bien naturel que des hommes habitués à leur usage à terre aient été tentés d'en emporter sur mer pour essayer de savoir l'heure, à défaut de tout autre moyen.

La variété des cadrans solaires est presque infinie. Cependant, l'usage veut qu'on les divise en deux grandes catégories : les *cadrans de hauteur*, pour les régions où le soleil est haut — pays méridionaux — et où, du lever du soleil à midi, la hauteur varie énormément (et, partant, l'ombre portée), et les *cadrans de direction*, dans les pays plus élevés en latitude, où l'azimut du soleil a la prédominance sur la hauteur. On peut bien imaginer en effet que, pour un observateur à l'équateur, un jour d'équinoxe, l'azimut n'indique rien, le soleil étant, de son lever à sa culmination, dans la même direction est, pour passer brusquement, à midi, vers l'ouest, et cela jusqu'au coucher.

Nous avons borné la représentation des instruments solaires de cet ouvrage aux moins sophistiqués, aux plus connus, à ceux-là mêmes qui vraisemblablement furent utilisés par les marins, oubliant systématiquement les magnifiques machines polyédriques et les cadrans multiples à scaphes (cadrans hémisphériques creux), qui sont des objets pour cabinets de curiosités plus qu'horloges universelles vite réglées pour cela et consultables.

Le mot cadran prête à confusion. Cadran ? Quadrant ? Celui de Gunter n'est pas destiné en premier usage à donner l'heure, mais bien la hauteur du soleil pour le marin, grâce à ses pinnules et à son balancier-fil à plomb. Mais la visée même du soleil et le report de la ligne verticale pour le jour sur une courbe tracée donnent aussi l'heure. En effet, la hauteur du soleil est fonction de la latitude, donc, pour une hauteur donnée, une table d'équivalence donnera l'heure en fonction de L et de D.

Le nocturlabe est une horloge en temps solaire, basée pourtant sur l'observation des positions de la Grande et de la Petite Ourse. Le cadran diptyque à fil est, par changement du point d'attache de ce dernier, vite réglé sur la latitude, à condition qu'elle se tienne à des valeurs pour lesquelles le cadran est prévu. En revanche, le cadran équinoxial à style-axe, réglable pour toutes les latitudes, est un bon cadran de voyage et, sur le même principe de réglage, le sont également les cadrans à engrenage et à alidade de visée, appelés improprement chronomètres solaires, puisqu'ils furent réalisés à une époque où le mot de chronomètre n'existait pas encore.

Montres solaires de marins ou de voyageurs, ces cadrans le furent certainement tous, reprenant toute leur valeur aux escales, bien orientés nord-sud et mis à plat.

Une place exceptionnelle doit être faite au cadran universel que l'on aurait dû appeler sphère universelle à armilles, véritable petite sphère armillaire représentant la sphère locale, équipée d'un style-axe figuré, grâce à la pinnule réglable pour la saison. L'*universal ring* de Wright était la véritable montre du marin que l'on continua à fabriquer jusqu'au XIXᵉ siècle et qui connut jusqu'au bout tout autant de succès.

On ne doit pas oublier non plus l'anneau type rond de serviette, parfaitement utilisable à la mer avec un peu d'entraînement et réglable en latitude.

142

Les grands principes de ces montres solaires ont été rappelés ici, car la mesure du temps sous toutes ses formes a toujours été liée étroitement à la marine, et l'on sait bien que les expéditions nautiques jusqu'à une époque récente (fin XIXᵉ) avaient toutes encore un peu le caractère d'expéditions de découverte, des entreprises pour lesquelles il fallait être équipé autant de matériel de pionnier que de moyens de conquête pacifique du temps et de l'espace.

# Le cadran azimutal

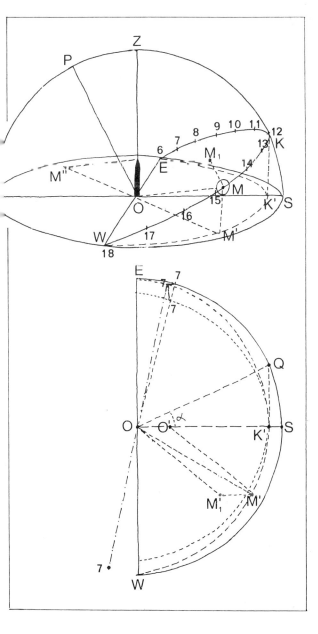

155. *Le cadran azimutal, objet de curiosité, peu pratique pour les raisons que l'on va voir, porte ce nom en raison des ombres successives de son style vertical sur le plan horizontal, ombres qui représentent les azimuts du soleil. Les cadrans se construisent pour la latitude du lieu et pour le jour de l'équinoxe.*

*Représentons la demi-sphère locale de zénith Z et de pôle P. Le grand cercle chiffré EKW est le parcours du soleil, le jour de l'équinoxe. Douze parties égales (heures de jour) le divisent. La marque 12 représente midi, face au sud. Soit, par exemple, le soleil vers 14 h 45. L'ombre du style sera parallèle à OM, soit OM''. Si l'on veut construire a priori un cadran azimutal pour une latitude donnée, on remarque que toutes les projections de M se trouvent sur une ellipse de grand axe EW et de demi-petit axe OK' = OK × cos (90° - Lat.) = OE × cos (90°-Lat.). On porte donc OQ à α° = 90°-Lat. et l'on abaisse QK'. Traçons les cercles de centre O et de rayons OS et OK' et divisons-les en douze parties. Le point 7 H du cadran sera à l'intersection des deux parallèles à OS et OE menées par le point 7. S'agissant d'une ombre il faudra, bien entendu, reporter ce point symétriquement par rapport à O.*

*Ce tracé ne vaut que pour le jour de l'équinoxe, jour où D soleil = 0° et où la nuit est égale au jour. Mais que devient il quand le soleil a atteint une déclinaison appréciable, par exemple quand il est en M1, vers 14 h 40 ? A cette heure, le soleil sera dans le même plan qui contient M et P, et si l'on reprend la construction précédente, la projection sera M'1, donc l'indication 14 h 40, gravée sur le cadran, ne vaudra plus hors de l'équinoxe, sauf si l'on change la position du style de O en O'. On démontre que OO' = R cos L × tg D. Il est donc facile de prévoir un déplacement du style dans le sens du petit axe de l'ellipse. On détermine la hauteur du style au moment du solstice d'été. Son ombre doit au moins atteindre l'ellipse.*

143

# Le cadran analemmatique

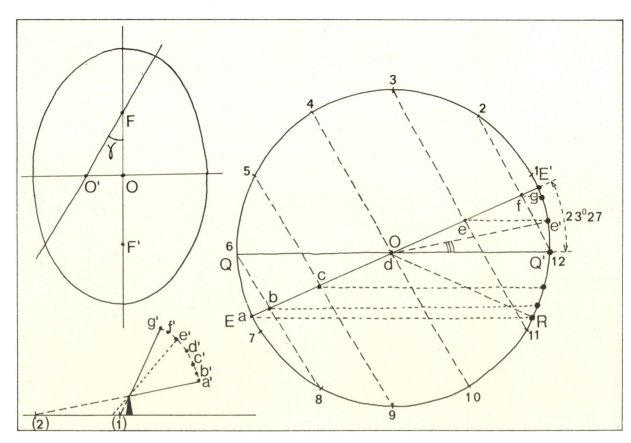

156. *Le déplacement du style de O en O' a pour effet de faire passer la ligne d'ombre au même point horaire marqué sur l'ellipse pour l'époque de l'équinoxe. Le point O' s'obtient de la façon suivante. Par le foyer F de l'ellipse on trace une droite faisant, avec l'axe FF', un angle γ égal à la déclinaison du soleil pour le jour considéré. Le point OO' est le point cherché. Les positions O' pour toutes les périodes de l'année peuvent s'obtenir en construisant l'analemme, dont F serait le sommet et FO l'axe de symétrie, d'où le nom de cadran analemmatique. Analemme vient du mot grec qui signifie hauteur. Si l'on divise le cercle perpendiculaire aux plans de l'équateur UU' et de l'écliptique EE' en 12 parties égales correspondant aux douze mois de l'année, les projections sur la trace de l'écliptique EE' donnent 7 points : a, b, c, d, e, f, g, dont les projections sur le secteur E'E sont les 7 points de division de ce secteur, qui constituent l'analemme, ou construction qui, par définition, donne la hauteur du soleil pour les douze mois de l'année (les points d'origine étant les équinoxes et les solstices.) Ainsi, l'angle Q'Oe' représente la hauteur du soleil un mois après l'équinoxe de printemps, soit aux environs du 21 avril. Les 7 points peuvent être mis à profit de cette façon pour, à partir d'un style-axe donné, prévoir son déplacement grâce à une tirette, pour que le cadran serve toute l'année. Ou bien, gardant le style-axe en position fixe, pour bouger le cadran entre les positions extrêmes (1) et (2).*

144

# Le cadran diptyque

157. *Cadran solaire diptyque en bois et papier, dit cadran de Nuremberg, bien que portant des indications en anglais. Dans ce système, le fil remplace le style-axe, ce cadran étant prévu pour une latitude déterminée. Le tracé des lignes horaires se trouve à la fois sur le plan vertical et sur le plan horizontal, comme on peut le voir.*

# Le cadran équinoxial

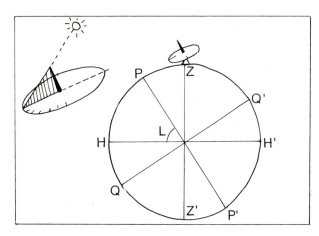

**158.** *Le cadran équinoxial ou équatorial dont le principe est très simple, comporte un style-axe parallèle à l'axe du monde et un plan parallèle à l'équateur. Les heures marquées sont espacées de 15° en 15° suivant le mouvement horaire du soleil.*

# Le cadran horizontal

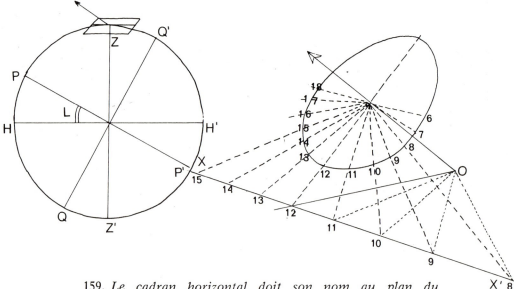

**159.** *Le cadran horizontal doit son nom au plan du cadran confondu avec l'horizon, le style-axe étant parallèle à l'axe du monde comme on le voit sur la figure de gauche. La règle du tracé des lignes horaires·est la suivante (fig. de droite).*

*Supposons qu'on monte sur le style-axe, planté dans le plan horizontal du cadran en O, un cercle de cadran équatorial. On peut le diviser en heures de 6 à 18 comme le sont ces cadrans. Prolongeons par la pensée le plan du cercle jusqu'à son intersection XX' avec le plan horizontal et, du centre de ce cercle, prolongeons les marques horaires jusqu'à la trace XX'. Il n'y a plus dès lors qu'à tracer dans ce plan horizontal les marques horaires : 0 - 8, 0 - 9, 0 - 10, etc.*

*Sur les cadrans soignés les lignes zodiacales, ou lignes de déclinaison, sont tracées, ce sont les traces des ombres, extrémités du style, pour les jours de l'année. Ce sont des hyperboles, ou mieux encore des sections coniques, à savoir des paraboles pour D = L, des hyperboles, pour D > L, des ellipses, pour D < L.*

160. *Cadran horizontal à quatre positions de style-axe, de 40 à 60°, par Baradelle, à Paris. Le placement du style-axe se fait aisément, le bec de l'oiseau constituant le point de repère. Quatre graduations horaires horizontales sont prévues pour 40°, 45°, 49°, 52° de latitude (les quatre latitudes des principales capitales européennes).*

161. *La « montre des pasteurs », ou des bergers, est composée d'un cylindre et d'un style A, de longueur fixe. Les génératrices D correspondent aux mois et aux jours de l'année. Les lignes horaires C sont évidemment fonction de la déclinaison variable du soleil. Cette montre solaire en heures vraies ne sert évidemment qu'à la latitude pour laquelle elle a été construite. Des tables de correction peuvent être réalisées pour les latitudes avoisinantes. On a vu aussi des montres à style et à feuilles interchangeables en fonction de la latitude.*

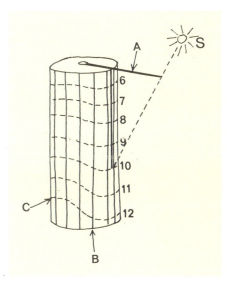

147

# Le cadran vertical

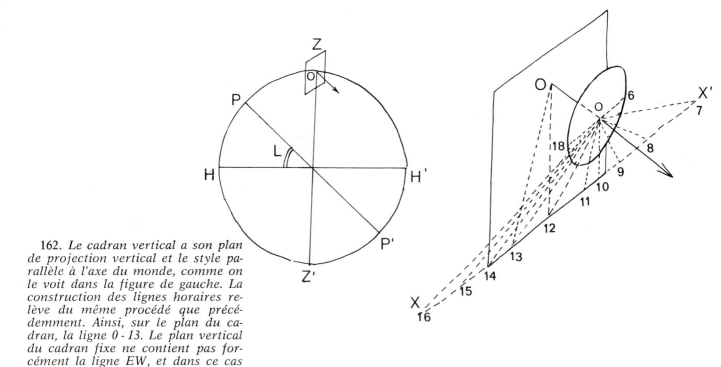

162. *Le cadran vertical a son plan de projection vertical et le style parallèle à l'axe du monde, comme on le voit dans la figure de gauche. La construction des lignes horaires relève du même procédé que précédemment. Ainsi, sur le plan du cadran, la ligne 0 - 13. Le plan vertical du cadran fixe ne contient pas forcément la ligne EW, et dans ce cas le cadran est dit « déclinant » (de la déclinaison du plan de projection).*

# Le cadran polaire

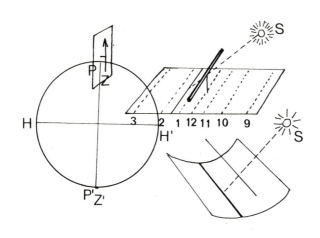

163. *Au pôle, le style étant toujours parallèle à l'axe du monde, PP' est parallèle au plan du cadran vertical, d'où le nom de cadran polaire donné à ce type d'instruments, dont le style est parallèle au plan des lignes horaires. Les ombres portées sont donc parallèles entre elles. L'intérêt de ces cadrans réside dans le fait qu'on peut les installer à toutes les latitudes. Parfois, pour éviter les grands développements des graduations, le cadran est concave, ses génératrices parallèles au style ; mais on peut également utiliser un cône pour compliquer l'objet comme dans les cadrans solaires des cabinets de curiosités, qui comportent plusieurs systèmes.*

**164.** *Cadran universel, XVIII*ᵉ *siècle. Porte l'indication : fabriqué à Cracovie. Le plan des graduations horaires étant incliné comme il convient selon la latitude, et le plan horizontal placé selon le méridien, le fil-style-axe est amené dans la direction du soleil pour que son ombre vienne exactement coïncider avec une ligne tracée entre les deux potences du fil. Ce faisant, les aiguilles des grand et petit cadrans indiquent l'heure vraie solaire.*

149

165. *Monté à la cardan, ayant donc, en principe, sa rose de compas horizontale, cet appareil ingénieux, qui peut fournir une direction en azimut, grâce à la grande aiguille, une ascension droite sur la petite couronne (plan équatorial), un angle au pôle sur la même couronne et une déclinaison éventuellement (proche du plan de l'écliptique), peut constituer un cherche-étoiles ou une navisphère. Mais c'est aussi un excellent cadran solaire. On l'utilise également comme calculateur de déviation et correcteur de cap, grâce aux azimuts de soleil précalculés. Il permet, dans ce cas, de procéder à la régulation du compas.*

*Fabriqué par De Kemel Bros, Anvers, c. 1850.*

**T. S. & J. D. NEGUS,**
**NAUTICAL INSTRUMENTS,**
**69 PEARL STREET,**
**NEW YORK CITY.**

166. *Marque de la célèbre firme Negus de New York.*

167. *Compas azimutal de G. Graydon, Londres, c. 1890, qui, par la précision de son système de visée : loupe, pinnule, miroir concave de réflexion, constitue un excellent cadran solaire en heures vraies.*

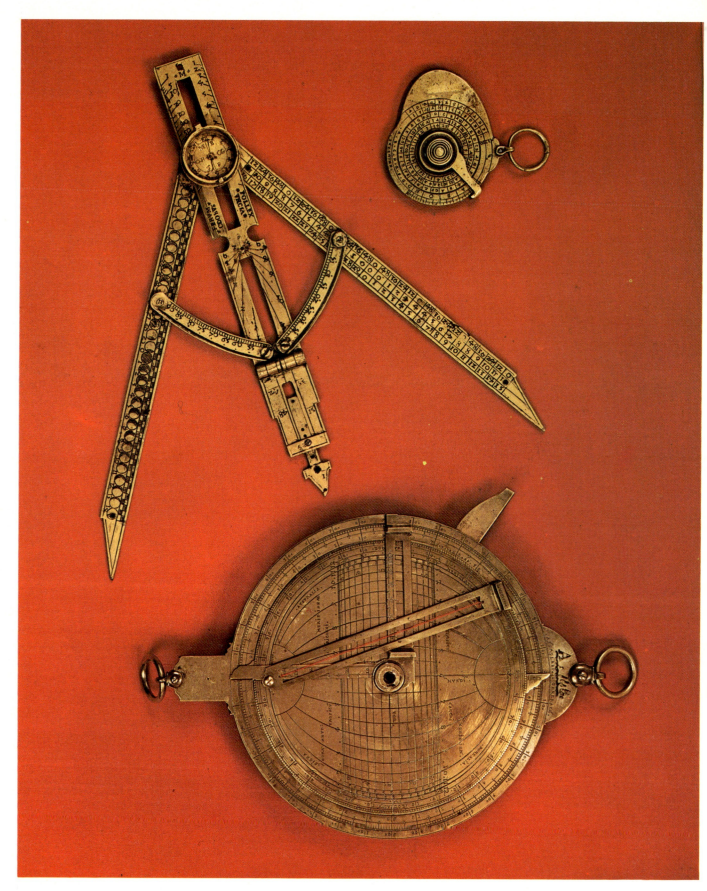

◀ En haut à droite : *calculateur de marées et calendrier lunaire par Sneewins, 1700. Selon H. Daumas, il y eut trois frères Sneewins, Anthoni était à Delft, Henricus à Leyde et Johannes à Utrecht. Ils ont fabriqué des instruments de mathématique et d'astronomie : astrolabes, compas de proportion, pantographes...* En haut à gauche : *un de ces appareils polyvalents qui fleurirent aux XVII^e et XVIII^e siècles et dont l'usage s'est en partie perdu. On remarque qu'il s'agit d'abord d'un compas à ouverture réglable en angle, grâce au déplacement de la boussole le long de sa coulisse. Pour 90°, l'angle est droit, et les deux branches courbes articulées forment un secteur gradué. Au centre de l'axe central, un trou est prévu pour un gnomon de cadran solaire horizontal dont le tracé est fait. La partie montée sur charnière, en bas, et réglable en hauteur en fonction de la latitude, est aussi un gnomon de cadran solaire.*

*Sur la branche de gauche figurent les phases de la Lune en fonction des jours du cycle lunaire. A droite : calendrier lunaire.*

*En bas : astrolabe en projection orthogonale, dite de Rojas, instrument sans doute bien trop compliqué pour les marins et utilisé par les seuls astronomes. Au verso figure un nocturlabe, dont on aperçoit en haut, à droite, la branche alidade.*

168. *Le cercle de réflexion de Richer, 1816, monté à trois degrés de liberté : pivotement en azimut, basculement dans le plan méridien, inclinaison latérale, fut l'instrument d'observation des calculs d'heures dans les observatoires à terre au cours du premier tiers du XIX^e siècle.*

169. *Cadran universel, type Augs-
bourg, par Negretti et Zambra, constructeurs d'instruments scientifiques
à Londres, fin XIXᵉ.*

170. *Cadran universel par Franz Anton Knitl. Le plateau bas ayant été réglé sur l'horizontale, grâce aux pieds à vis et au fil à plomb, l'axe étant situé dans le plan méridien (boussole), le plan des graduations est placé parallèlement à l'équateur (fonction de la latitude du lieu), et l'axe mobile des pinnules est orienté sur le mois et le jour de l'observation. Il n'y a plus qu'à viser le soleil pour avoir, devant les aiguilles, les heures et minutes du temps solaire.*

# Cadrans
# en temps
# moyen

171. *Cadran solaire en heures de temps moyen, par Oliver, Londres. Cadran de type solaire, cet instrument donnerait l'heure solaire ou vraie s'il était muni d'une simple pinnule fendue. Ce modèle est perfectionné pour donner le temps moyen grâce à la découpe d'un profil spécial, découpe basée sur l'équation du temps. En haut et en bas se trouvent les points extrêmes des solstices : 21 juin-23 décembre. Le point d'étranglement correspond aux deux équinoxes : 21 mars, 21 septembre. L'excentrement de la figure est fonction de la latitude du lieu. La figure n'admettrait un axe de symétrie qu'à l'équateur.*

# L'anneau astronomique

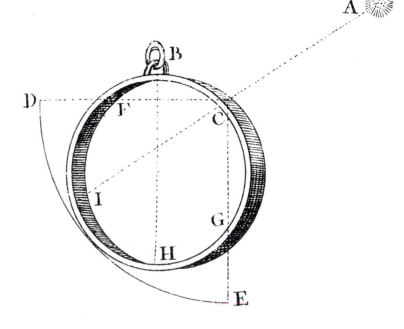

172. *Dans l'Encyclopédie, 1767. Construction de l'anneau astronomique. Le point C, pinnule, est placé strictement au quart du cercle.*

173. *Anneau astronomique, Venise 1564. L'anneau de suspension manque. La pinnule divisée est ajustable en fonction de la saison. Les signes du zodiaque sont, bien entendu, à connaître, indiqués par leurs symboles. Les lignes horaires, à l'intérieur de l'anneau, sont recoupées par les sept lignes des mois.*

**174.** *Soit un anneau astronomique à une latitude donnée L. Pendons-le par un de ses rayons selon Z Z' et matérialisons l'axe des pôles, P P', l'équateur, Q Q', les tropiques du Cancer (1) et du Capricorne (2). Les points M et L marquent les plus fortes déclinaisons du soleil, nord et sud. Un trou O dans l'anneau permet aux rayons du soleil de passer. Examinons trois cas particuliers :*

*a. — aux équinoxes la déclinaison du soleil est nulle. Entre le lever et la culmination à midi, les rayons extrêmes sont représentés par O A et O B. La trace décrite est donc la portion d'arc A B ;*

*b. — au solstice d'hiver, la déclinaison du soleil étant de 23° 27' sud, le soleil est donc en N et par le trou O la trace des rayons lumineux va donc de A à C (rayons O A et O C) ;*

*c. — au solstice d'été, la déclinaison du soleil vaut 23° 27' nord, le soleil est donc en M et les rayons extrêmes passant par O sont O A au lever, O D à la culmination, l'arc décrit étant A D.*

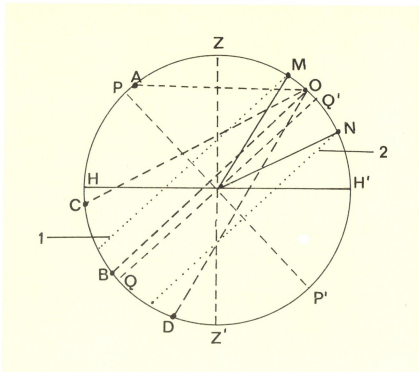

*On peut donc imaginer une graduation de 7 lignes, donc de 6 bandes mensuelles, sur l'intérieur de l'anneau, bandes sur lesquelles il suffit d'observer le rayon solaire pour avoir l'heure.*

*A représente la hauteur minimale du soleil à son lever, C est la hauteur maximale au solstice d'hiver, soit le 22 décembre, B est la hauteur maximale aux équinoxes (23 septembre et 21 mars) et D la hauteur maximale au solstice d'été (20 juin). Les bandes concentriques à l'anneau représentent les bandes de dates. Les lignes horaires (pointillées sur le dessin) où est reçu le rayon lumineux indiquent l'heure vraie. Ainsi, au point K, rayon lumineux solaire, la date est environ le 12 mars et il peut être soit 10 h 30, soit 13 h 30, heures solaires.*

*Certains anneaux peuvent comporter deux trous, les bandes devenant plus clairement lisibles, étant moins surchargées d'inscriptions, pour une meilleure lecture. On en trouve trois de chaque côté : de septembre à mars et de mars à septembre.*

*Ces anneaux astronomiques horaires sont gravés pour une latitude déterminée, donc inutilisables ailleurs. Mais, sur certains modèles, un curseur, porteur du trou O, permet de réutiliser les graduations pour une latitude différente.*

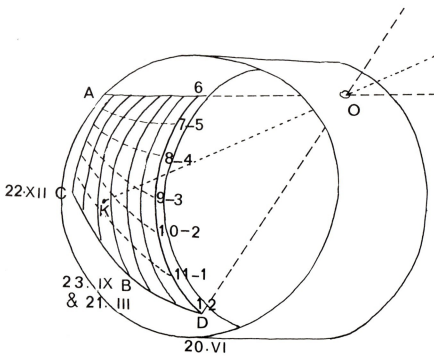

175. *Anneau astronomique à deux curseurs. Signé L. Proctor, Sheffield, c. 1750. Diamètre 110 mm. La ligne d'origine des heures VI (lever du soleil) se modifie légèrement selon la saison. Pour garder leur exactitude aux lignes horaires, il est donc nécessaire de modifier le placement du trou de visée du soleil. Un curseur réglable est prévu à cet effet. En fait, pour plus de clarté de lecture, cet anneau soigné comporte 6 mois par côté et deux curseurs porte-pinnules.*

176. *Anneau solaire à double graduation. A l'intérieur, la pinnule passe d'un côté à l'autre en fonction de ces dernières.*

159

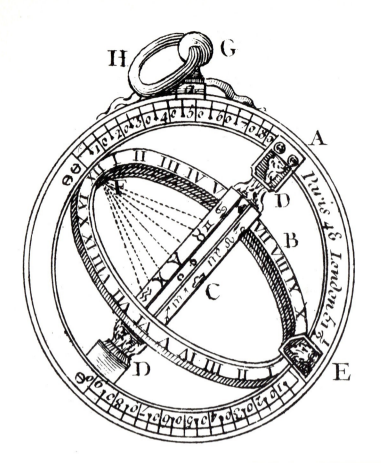

# L'anneau universel

**177.** *L'anneau universel, selon l'Encyclopédie, 1767. Les lignes de pointillés représentent tous les rayons solaires possibles à midi, selon les mois. L'anneau est positionné pour la latitude de 48° (celle de Paris). La gravure de l'instrument précise également celle de Londres : 51° 30'.*

**178.** *L'anneau universel* (universal ring dial *de Wright) est en fait un cadran équinoxial, ou équatorial, portatif. Le petit schéma en haut à droite permet de retrouver les éléments essentiels sur l'anneau lui-même, le trou de la pinnule P figurant l'extrémité du style-axe. L'appareil s'utilise de la manière suivante :*

*1. — faire glisser l'anneau de suspente de la valeur de la colatitude, N = 90° — L, par rapport à l'axe du porte-pinnule ;*

*2. — placer la pinnule P devant la graduation du mois, fonction de la déclinaison du soleil. On démontre que la distance du trou (extrémité figurée du style-axe) au centre de l'instrument est d = R × tgD, R étant le rayon de l'anneau ;*

*3. — orienter l'appareil dans le plan méridien ;*

*4. — lire l'heure en face de l'ombre portée — ou en face du rayon lumineux — ici 3 h 20.*

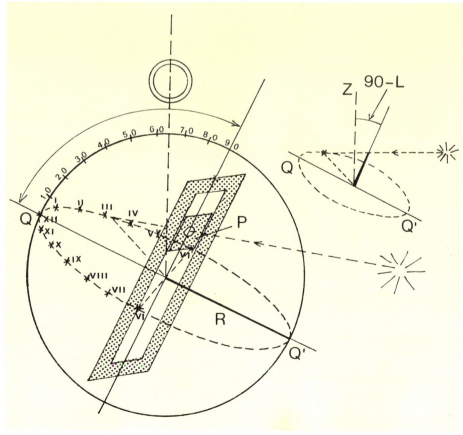

**179.** *Anneau astronomique à 3 cercles par Baradelle. Les cercles, méridien et équatorial, sont conventionnels et placés perpendiculairement l'un par rapport à l'autre. En revanche, le cercle central porte deux alidades à pinnules orientables. La coïncidence de ce cercle avec le cercle équateur, gravé en heures, lorsque le soleil est visé trou pour trou d'un bout à l'autre de l'alidade, donne l'heure vraie ou solaire du lieu.*

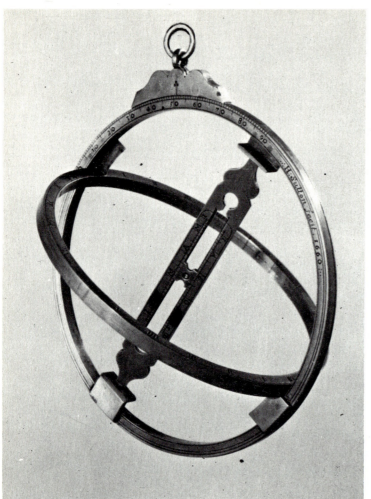

181. *Anneau astronomique uni-versel à 3 cercles.*

*L'anneau classique à pinnules ne peut donner l'heure de midi en rai-son de l'épaisseur matérielle de l'anneau méridien vertical, qui mas-que les rayons du soleil. Il en est de même horizontalement pendant quatre jours, aux environs de l'équi-noxe, l'anneau équateur masquant la lumière du soleil. La disposition à double pinnule de l'anneau à 3 cer-cles compense ce défaut. Il faut lire l'heure entre les deux rayons lumi-neux passant à travers les deux pin-nules. D'autre part, comme on le voit sur la figure, l'anneau astrono-mique étant pendu en Z, le cercle horaire, qui, d'ordinaire, est perpen-diculaire à la ligne des pôles, doit être réglé pour tenir compte de la déclinaison, c'est-à-dire pour former avec la ligne zénith-nadir un angle α = (90° — L) — D. De cette façon, à midi, les deux rayons solaires viennent encadrer parfaitement la graduation : XII.*

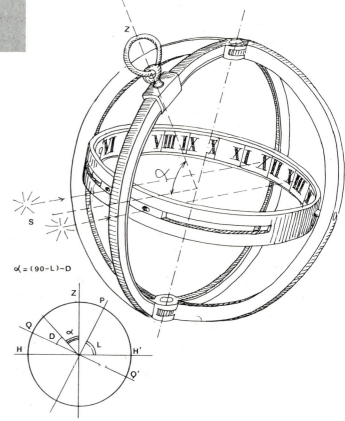

162

182. *Anneau universel par Smith,
Londres, XVIII^e siècle. En position
repliée, l'anneau est plat. La butée
située à droite permet de régler la
perpendicularité du cercle équateur.
L'anneau de bélière glisse librement
sur tout le pourtour du cercle méridien.*

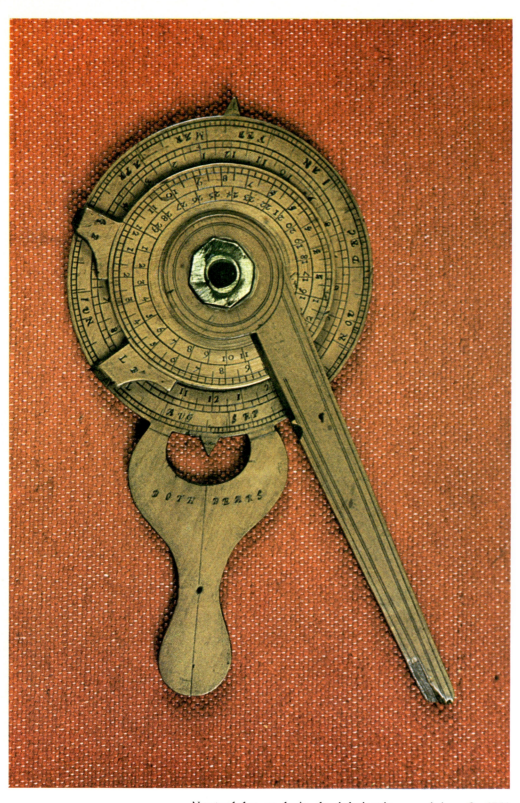

*Nocturlabe en buis de fabrication anglaise. C. 1750*
*Au recto, les cercles conventionnels et le bras alidade.*
*Modèle utilisable pour les deux Ourses* (Both Bears).

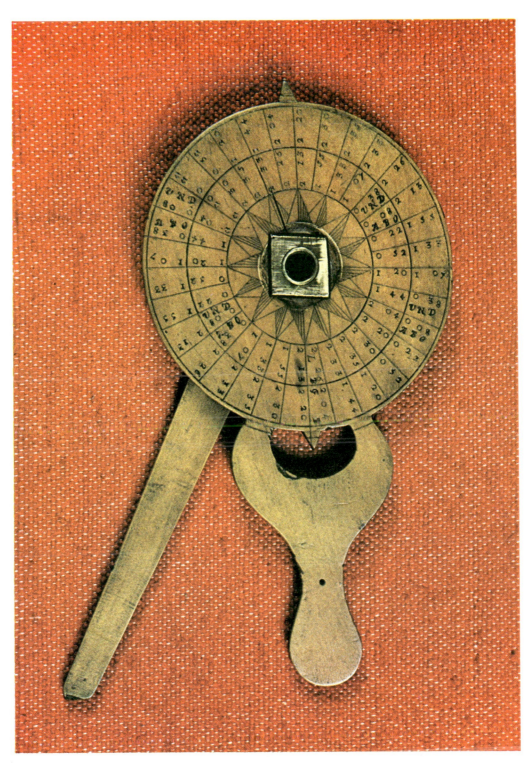

Au verso se trouve une table des angles au pôle de
Petite Ourse et de α et β Grande Ourse, en fonction des
positions de leur alignement, déterminé par le grand
bras. ABO signifie above, ou +, UND signifie under,
ou —. La plus grande valeur portée sur la couronne :
2° 35', est la distance de l'étoile Polaire au pôle, vers 1750.
On peut, grâce à cette règle circulaire, avoir la hauteur et
l'azimut du pôle, en fonction de la position de la
Polaire.

# Le nocturlabe

Le nocturlabe (par analogie avec l'astrolabe), ou nocturnal, ou cadran aux étoiles, est autant un objet de curiosité qu'un instrument nautique. D'abord utilisé par les astrologues, pour lesquels l'heure est précieuse, il se répandit chez les cadraniers. Il permet de connaître l'heure locale pendant la nuit, grâce à l'observation d'alignements célestes, et, bien que peu précis, on le trouve à bord des navires au XVIIᵉ siècle, à côté des cadrans solaires dont il est en quelque sorte l'équivalent nocturne.

Le principe du nocturnal est le suivant : on sait que l'alignement des deux dernières roues du Grand Chariot α et β Grande Ourse, étoiles dites « gardes », passe par α Petite Ourse, l'étoile Polaire. Cet alignement fait un tour complet du ciel en vingt-quatre heures. Si donc on sait dans quelle position angulaire l'axe des trois étoiles se trouve au point d'origine — généralement minuit — pour une autre position de cet axe, on saura de combien d'heures on se trouve avant ou après minuit, en mesurant l'écart angulaire. C'est sur ce principe qu'est basé le nocturnal le plus simple.

Il comprend :

1. — Un plateau circulaire divisé en 12 parties, chaque partie représentant un mois. L'initiale du mois est gravée sur chaque portion considérée, de janvier à décembre, en tournant dans le sens direct (inverse du mouvement des pendules). Le point origine, sur la partie du diamètre opposée à la poignée de tenue, représente pour l'année de construction de l'appareil le mois et le jour pour lequel l'alignement Polaire-gardes est vertical. Ce détail permet d'ailleurs de dater le nocturnal. La couronne graduée est dite cercle des mois. Elle représente une image du ciel en coordonnées équatoriales pour l'année considérée.

2. — Un second plateau circulaire gravé de 24 divisions (deux fois de 1 à 12), à la suite, dans le sens inverse, pivote sur l'axe percé de la couronne des mois. C'est une représentation de la sphère locale dans la région du pôle, que l'on superpose sur la sphère céleste. L'origine des graduations : 12 heures, matérialisée par un index, va être placée sur la date et le jour. En effet, si, par exemple, pour l'année de construction, l'axe vertical qui représente minuit se confond avec l'alignement Polaire-gardes, un mois plus tôt, le 1ᵉʳ décembre, le jour sidéral étant plus court de 4 mn que le jour civil, le point origine devra être déplacé de $30 \times 4 = 120$ mn, soit 2 heures. On placera donc l'index sur la date qui tient compte de ce phénomène d'avance du repère.

3. — La troisième et dernière pièce du nocturlabe est le bras dont un côté coïncide avec un rayon des deux cercles circonscrits précédents. Pour utiliser l'appareil, après avoir placé le cercle des heures à sa position de date, on prend la poignée en main et l'on vise la Polaire par l'axe percé, puis on amène le bras à tangenter l'axe des gardes. L'angle compris entre minuit origine et la direction du bras représente le nombre d'heures, avant ou après minuit, que l'on doit retrancher ou ajouter pour avoir l'heure vraie locale.

Mais il existe aussi des nocturnals dans lesquels la lecture se fait directement sur la couronne centrale, après avoir placé des index de positionnement de L.B. (*Little Bear*, α Petite Ourse), ou G.B. (*Great Bear*, α ou β Grande Ourse), selon que l'on observe l'un ou l'autre de

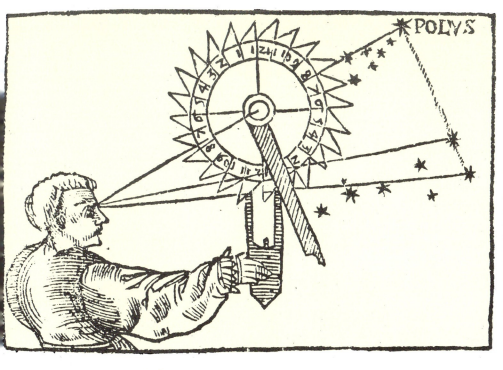

183. *Extrait de Gemma Frisius dans* Cosmographia. *Le dessin de ce nocturlabe très simple ne représente pas le cercle des mois. Le placement de l'axe origine de minuit sur la verticale laisse penser qu'on observe pour le jour où cet axe est effectivement vertical. Mais il doit s'agir de minuit au point bas, et on lit donc sur le cadran des heures : 1 h 30, heure vraie locale, passé minuit, le mouvement s'effectuant face au nord dans le sens inverse.*

ces astres, en regard de la date (mois et jour). Il n'y a plus qu'à viser la Polaire et à diriger le bras sur l'astre considéré pour lire, en coïncidence avec le rayon, l'heure sur le cercle central.

Un autre nocturnal intéressant est celui de Wright, qui permet de prendre (théoriquement, du moins) la hauteur de l'étoile Polaire au quadrant de ce même inventeur. On en voit l'utilisation sur une figure. D'autre part, nombre de nocturlabes se doublaient d'indicateurs de marée. Certains appareils sont destinés à l'utilisation de la Lune pour obtenir l'heure. Des nocturlabes austraux, utilisant la Croix du Sud, auraient également existé.

184. *Ce nocturnal de Wright, très élaboré, permet d'observer la hauteur de l'étoile Polaire. Le cercle des jours (6) au centre de l'instrument permet de placer en positions relatives β Petite Ourse et le soleil, par la différence α de leurs ascensions droites. Une fois cet angle fixé, on fait pivoter le plateau A, grâce au levier 3 jusqu'à faire tangenter 1 avec β Petite Ourse. L'index 7 permet alors de lire l'heure sur le cercle des heures (ici 10 h 30).*

*Mais là où ce nocturlabe montrait une grande originalité, c'est qu'il pouvait être monté en bout du sea quadrant de Wright. L'observateur visait à la fois l'horizon et, par le trou 8, tenant l'image de α Petite Ourse sur le bord du diamètre parallèle à l'alidade 1, il avait au point P la position exacte du pôle.*

*Tout cela supposait de véritables talents d'équilibriste pour maintenir les visées en conjonction et l'on ne croit pas que cet appareil ait été très populaire sur les dunettes.*

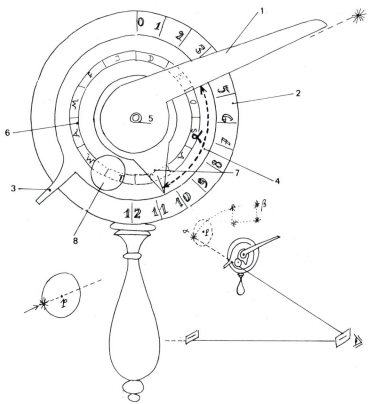

# The Figure of the NOCTURNAL.

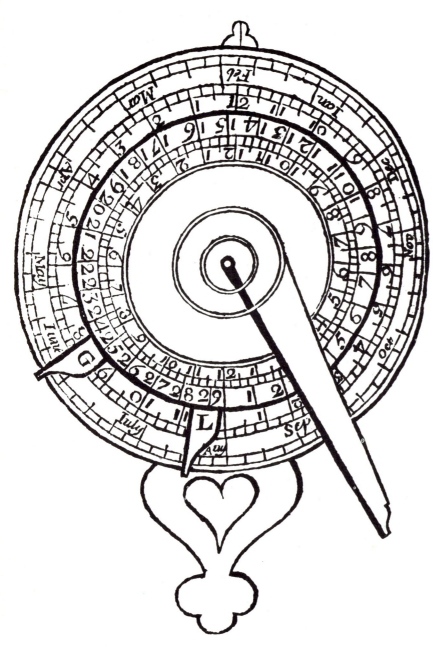

185. *Dessin extrait de* The Mariner's compass rectified.

*Ce nocturlabe perfectionné comprend d'abord une couronne extérieure des mois. On remarque que, pour l'année de construction de l'appareil, l'axe Polaire-gardes est dans le plan vertical méridien le 25 février.*

*La couronne des heures, interne par rapport à la précédente (en trait gras), sert à régler le point origine de minuit, comme dans les nocturlabes ordinaires. Dans le cas de la figure, l'appareil est réglé pour le jour de sa construction et telles que se présentent les gardes, si on alignait dessus le grand bras, on pourrait voir qu'il est 6 heures avant minuit, soit 6 heures du soir en heure vraie locale.*

*Le calculateur de marées. L'établissement d'un port est le nombre d'heures que la pleine mer met à s'établir dans ce port, après le passage de la Lune et du soleil au méridien (soit minuit ou zéro heure), un jour de « syzygie équinoxiale moyenne ». A ce moment, le soleil et la Lune sont en conjonction et leur déclinaison est égale à zéro. Une simple règle de trois permet de faire le calcul suivant : si pour le jour de la syzygie, quand il est minuit (zéro heure), la marée (pleine mer) a lieu à 6 heures, pour le $n^e$ jour de l'âge de la Lune, l'heure sera décalée de :*

$$\frac{24\ h}{29,5\ j} \times n\ jours = x\ heures,$$ *c'est-à-dire la distance angulaire dont le soleil et la Lune se séparent journellement avant de se retrouver en conjonction.*

*Cette opération se réalise facilement grâce à l'indicateur de marée qui n'est autre qu'une règle à calcul circulaire. Sur ce cercle des jours lunaires, le point origine, 29,5, est mis en coïncidence avec la valeur de l'établissement de la marée, par exemple VI heures. Chaque jour qui passe entraîne un retard. Le premier jour de la lunaison, la marée sera en retard de 4/5 d'heure, donc aura lieu à :*

$$VI\ h + 1\ h \times \frac{4}{5},\ donc\ à\ 6\ h\ 48.$$

*Dans le cas de la figure, l'établissement est de 12 h. On est le deuxième jour de la lunaison, ce qui signifie un retard correspondant de 1 h 45. La marée (pleine mer) aura donc lieu à 13 h 45.*

*Mais on remarque aussi sur ce nocturlabe les bras-index G et L. G signifie Great Bear ou Grande Ourse (il peut s'agir de α ou β), L signifie Little Bear (Petite Ourse ou Cochab). L'écart angulaire de L et G par rapport au centre de l'appareil correspond à la différence d'ascensions droites entre β Petite Ourse et α (ou β) Grande Ourse. On pouvait en visant la Polaire au centre, obtenir l'heure en orientant le bras sur l'une ou l'autre étoile. Par exemple, pour la Grande Ourse, on place d'abord G (ou GB) sur la date. Sur la figure, on est le 25 juin. Puis, avec le bras, on vient faire tangenter le rayon avec les deux gardes (pointers) et, sur la couronne graduée au centre, on lit environ 6 h. Pour l'utilisation avec la Petite Ourse, on place l'index L sur la date, ici le 16 août, et le grand bras tangentant β Petite Ourse, on lit 1 h 40 sur le disque central.*

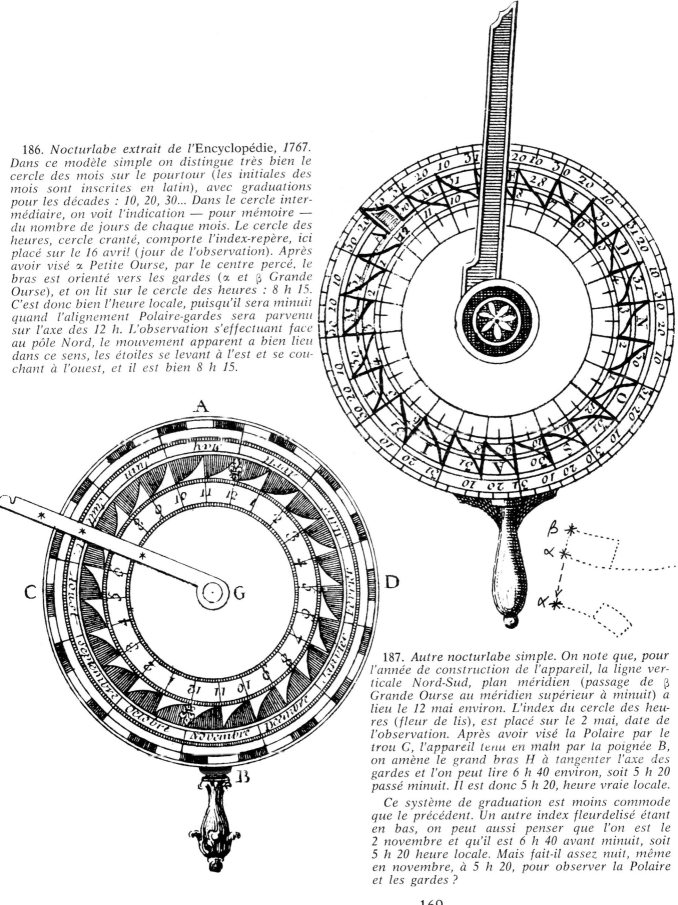

**186.** *Nocturlabe extrait de l'Encyclopédie, 1767.*
Dans ce modèle simple on distingue très bien le
cercle des mois sur le pourtour (les initiales des
mois sont inscrites en latin), avec graduations
pour les décades : 10, 20, 30... Dans le cercle intermédiaire, on voit l'indication — pour mémoire —
du nombre de jours de chaque mois. Le cercle des
heures, cercle cranté, comporte l'index-repère, ici
placé sur le 16 avril (jour de l'observation). Après
avoir visé α Petite Ourse, par le centre percé, le
bras est orienté vers les gardes (α et β Grande
Ourse), et on lit sur le cercle des heures : 8 h 15.
C'est donc bien l'heure locale, puisqu'il sera minuit
quand l'alignement Polaire-gardes sera parvenu
sur l'axe des 12 h. L'observation s'effectuant face
au pôle Nord, le mouvement apparent a bien lieu
dans ce sens, les étoiles se levant à l'est et se couchant à l'ouest, et il est bien 8 h 15.

**187.** *Autre nocturlabe simple.* On note que, pour
l'année de construction de l'appareil, la ligne verticale Nord-Sud, plan méridien (passage de β
Grande Ourse au méridien supérieur à minuit) a
lieu le 12 mai environ. L'index du cercle des heures (fleur de lis), est placé sur le 2 mai, date de
l'observation. Après avoir visé la Polaire par le
trou G, l'appareil tenu en main par la poignée B,
on amène le grand bras H à tangenter l'axe des
gardes et l'on peut lire 6 h 40 environ, soit 5 h 20
passé minuit. Il est donc 5 h 20, heure vraie locale.

Ce système de graduation est moins commode
que le précédent. Un autre index fleurdelisé étant
en bas, on peut aussi penser que l'on est le 2
novembre et qu'il est 6 h 40 avant minuit, soit
5 h 20 heure locale. Mais fait-il assez nuit, même
en novembre, à 5 h 20, pour observer la Polaire
et les gardes ?

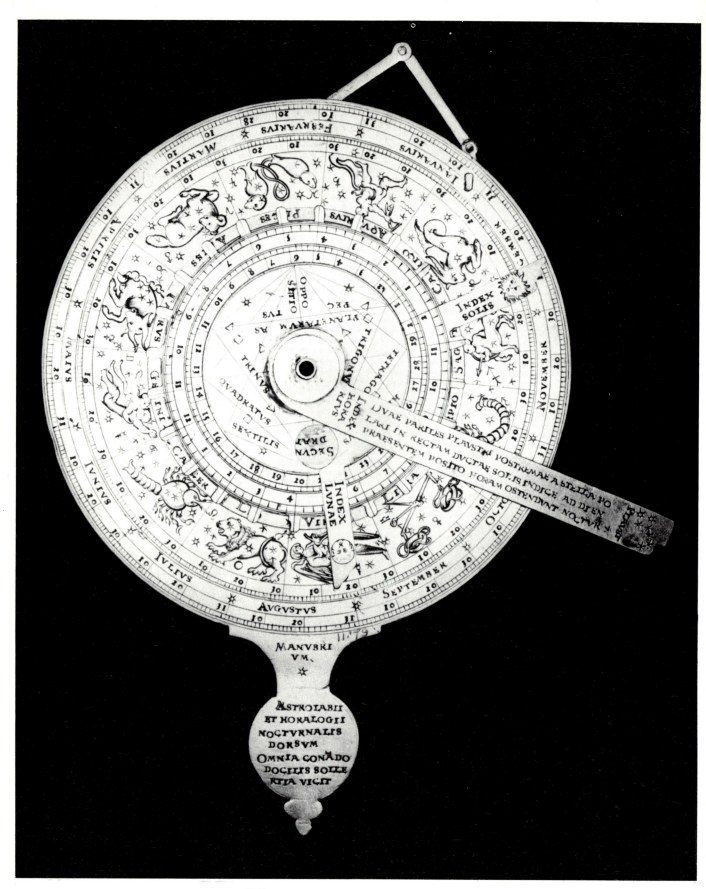

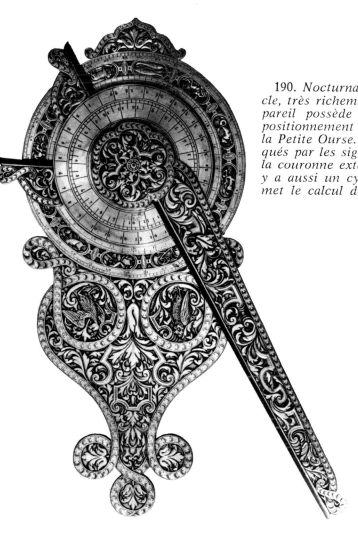

190. *Nocturnal en fer, XVIIᵉ siècle, très richement ouvragé. Cet appareil possède les deux crans de positionnement pour la Grande et la Petite Ourse. Les mois sont indiqués par les signes du zodiaque sur la couronne extérieure des jours. Il y a aussi un cycle lunaire qui permet le calcul des marées.*

189. *Nocturlabe, c. 1560, signé Amerigo Leona. Sur le recto figure un nocturnal classique. Au verso, deux pinnules d'astrolabe sont prévues pour les hauteurs d'astres. Un curieux système d'abaque, combiné avec le fil à plomb dont on voit le point d'attache, donne, avec l'intersection de la ligne saisonnière, l'heure pour le jour considéré.*

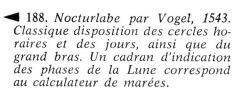 188. *Nocturlabe par Vogel, 1543. Classique disposition des cercles horaires et des jours, ainsi que du grand bras. Un cadran d'indication des phases de la Lune correspond au calculateur de marées.*

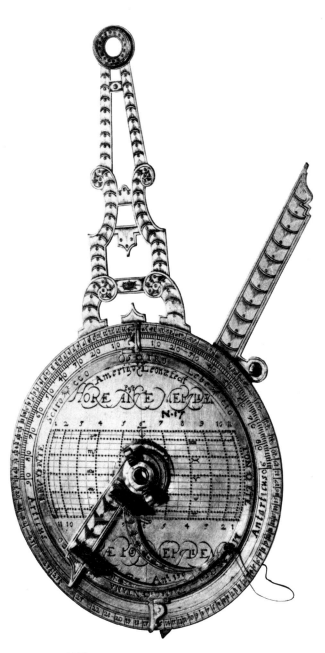

191. *Nécessaire astronomique, marqué Rom. 1852. A gauche, un cadran solaire à gnomon, matin et soir, avec la latitude de l'Italie. Au centre, un nocturlabe. A droite, un cadran solaire.*

# L'horlogerie de marine

L'imprécision de l'estime apparut aux navigateurs dès qu'ils s'éloignèrent suffisamment de la côte, et maintes méthodes avaient été proposées pour mesurer directement la longitude mais toutes étaient basées sur le même principe fondamental : « Connaissant l'heure locale à un instant donné, trouver pour cet instant l'heure du méridien d'origine. La différence donne la longitude. » L'heure locale on l'avait, au moins à midi, avec une certaine précision Restait donc l'heure d'origine.

Il y eut d'abord l'idée de systèmes matériels, montés de toutes pièces et entretenus à grands frais. Telle cette chaîne de navires, mouillés de place en place, par des fonds qui ne dépassaient pas 300 brasses (*sic*) et destinés à lancer à intervalles réguliers des fusées horaires à une hauteur de 6 440 pieds, donnant ainsi l'heure du méri-

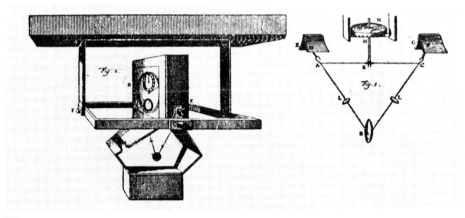

192. *Le pendule cycloïdal de Huygens, suspendu à la cardan, avec son contrepoids et la monture de contrepoids prévue pour l'amplitude maximum du pendule. L'échappement est à foliot. Les profils cycloïdaux sont destinés à maintenir l'isochronisme des battements.*

193. *Première horloge à pignons en bois, de John Harrison.*

173

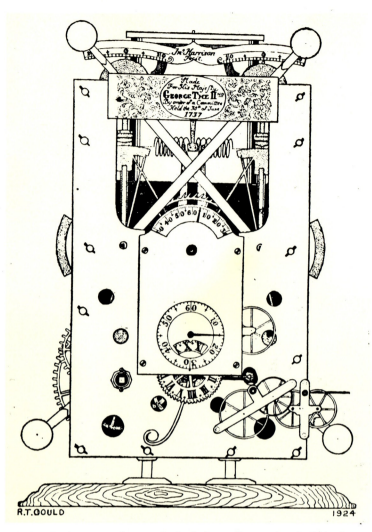

194. *Horloge marine n° 2 de John Harrison. Dessin de R.T. Gould.*

dien zéro ! C'était une sorte de télégraphe Chappe avant la lettre, mais encore bien irréalisable en haute mer, quand on sait, à l'époque moderne, les difficultés qu'entraîne l'entretien d'un bateau-feu. Et d'ailleurs, quel système de synchronisation eût-il été possible ? Nombreux furent encore les systèmes de ce genre mais, sans perdre de temps à attendre leur réalisation, on s'orienta, comme on sait, vers l'observation des éclipses de Lune, de soleil et des satellites de Jupiter, ainsi que vers les distances lunaires. Quelques recherches se firent autour de la « mécométrie de l'aimant », mais on gardait toujours en vue le suprême objectif d'un bon garde-temps du méridien origine, bien que les encouragements pour la découverte d'une méthode sûre de calcul de la longitude ne se soient pas orientés précisément vers les garde-temps, comme on peut le constater dans ce texte du *Bill* de 1714, passé par le Parlement anglais sous l'impulsion du Board of Longitudes, où le système utilisé n'est pas précisé :

« Les commissaires du Bureau des longitudes ayant examiné une invention quelconque pour la découverte des longitudes, s'ils en sont assez satisfaits pour désirer des expériences, peuvent en donner certificat aux commissaires de l'Amirauté, qui seront tenus d'accorder aussitôt la somme que les commissaires des Longitudes auront estimée convenable, et cela jusqu'à 20 000 livres sterling. L'auteur d'une découverte propre à déterminer la longitude à 1° près, ou à 20 lieues marines, recevra 10 000 livres ; s'il la détermine à 2/3 de degré, il recevra 15 000 livres, et 20 000 s'il pousse la précision à 1/2 degré. La

174

195. *Echappement à roue de rencontre, à foliot ou à verge, utilisée dans les montres jusqu'au XVIIIe siècle et dans les pendules à contrepoids jusqu'au XIXe. Facile à réaliser et fonctionnant bien, cet échappement avait toutefois le grave inconvénient de maintenir le balancier en contact avec le rouage, faussant ainsi le principe même de l'isochronisme propre du balancier, en cas de freinage dans l'ensemble mécanique par des poussières ou un vieillissement de l'huile de graissage.*

moitié de cette récompense doit être payée à l'auteur lorsque les commissaires des Longitudes, ou la plus grande partie d'entre eux, conviendront que la méthode proposée suffit pour la sûreté des vaisseaux, à 80 milles des côtes, l'autre moitié doit être remise à l'auteur après qu'un vaisseau aura été à l'un des ports de l'Amérique désigné par la Commission sans qu'on ait erré de la quantité ci-dessus. »

Dans la plupart des pays maritimes on se préoccupait aussi des recherches sur la longitude. Philippe III, roi d'Espagne, avait offert 2 000 écus en 1598. En 1600, 100 000 livres avaient été proposées en France. En 1715, Rouillé de Meslay, conseiller au Parlement, légua à l'Académie des sciences un fonds pour deux prix, l'un concernant la physique du globe, l'autre l'avancement des sciences de la navigation.

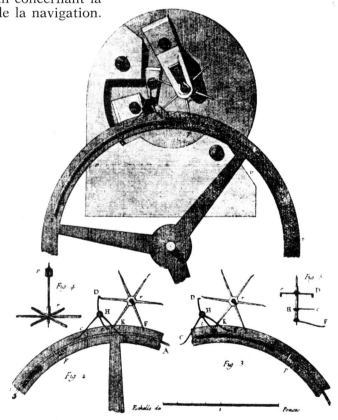

196. *L'échappement libre de Pierre Le Roy. Extrait du mémoire de 1766 :* De la meilleure manière de mesurer le temps en mer. *Ce balancier comporte deux glissières sur chaque face. La pièce (fig. 5) DHF constitue l'échappement de l'étoile à six branches (fig. 4), liée au pignonnage, donc au ressort. Dans le détail en bas à gauche, l'étoile est retenue par D, tandis que le balancier va de gauche à droite. Dans le détail de droite, le balancier repart vers la gauche, D est libéré et une branche de l'étoile se bloque sur c symétrique de D.*

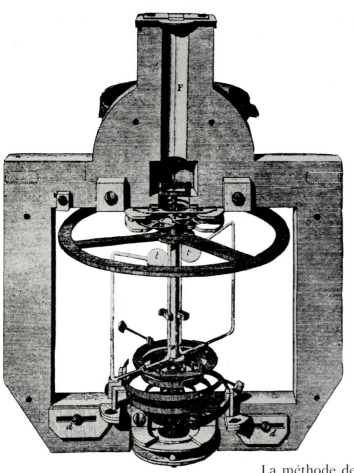

197. *Organes régulateurs de la montre à longitudes de Pierre Le Roy (gravure extraite de son Mémoire sur la meilleure manière de mesurer le temps en mer, publié par J.-D. Cassini dans son Voyage fait par ordre du Roy, en 1768, pour éprouver les montres marines inventées par Leroy).*

*La compensation thermique est assurée par deux petits thermomètres, opposés sur l'axe du balancier. Ces thermomètres à mercure contenant de l'alcool dans leur partie supérieure sont faits de tubes de verre recourbés. Lorsque la température s'élève, la masse de mercure tend à se rapprocher de plus en plus de l'axe du balancier, compensant ainsi le retard dû à la perte d'élasticité des deux ressorts spiraux et compensant également le mouvement vers l'extérieur de la masse du balancier, dû à la dilatation. La résultante des deux moments d'inertie, l'un d'effet centrifuge, l'autre d'effet centripète, est ainsi, en principe, nulle.*

*Cette montre se trouve actuellement au Conservatoire des arts et métiers.*

La méthode des distances lunaires avait alors toute la faveur des astronomes, on cherchait à la rendre plus précise, car elle ne donnait encore la longitude qu'au degré près.

Nulle part l'effort sur les montres n'avait été encouragé particulièrement, et pourtant c'était le garde-temps lui-même qui devait apporter la solution définitive la plus élégante au problème des longitudes.

Où en était-on dans la technique des horloges, en 1714, au moment où le Parlement anglais passa son acte ?

La première montre à ressort de Peter Hele, ou Heulein, avait vu le jour à Nuremberg en 1500. Cet œuf de Nuremberg, comme fut appelée la montre à l'origine, en raison de sa forme, avait un échappement à roue de rencontre, et l'on pouvait dire qu'à part la précision de finition des pièces, le soin apporté à diminuer les frottements, l'enrichissement de la décoration des boîtiers et des coqs, les montres à ressort de 1700 n'étaient guère en progrès sur l'œuf de Peter Hele, donnant encore une variation journalière considérable et surtout, ce qui était plus grave, irrégulière et incontrôlable. En revanche, bien que l'échappement à verge soit aussi utilisé — car c'était à peu près le seul connu et efficace — les pendules à poids et balancier étaient, elles, beaucoup plus précises, compensables en température et à l'abri des sauts du fait de leur position fixe. C'est donc vers l'emploi du balancier vertical à poids que se portèrent les efforts en vue de réaliser les premières montres marines. Huygens fit en mer, en 1669, les premiers essais d'une horloge marine à pendule cycloïdal, avec laquelle un certain capitaine Holmes atterrit aux îles du Cap-Vert avec une erreur de 150 km en longitude. On naviguait donc moins bien au pendule qu'avec les distances lunaires. Dutertre, en France, travaillait

176

*Chronomètre anglais, fin XIX*.

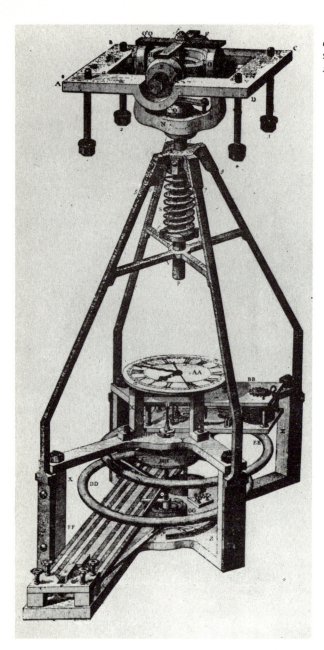

198. *Horloge marine n° 1, de Ferdinand Berthoud. Extrait d'*Essai sur l'horlogerie, *1763. Cette montre se trouve au C.N.A.M.*

aussi à une montre à deux balanciers contrariés, mais la vraie solution devait venir d'un autre principe. Elle était due à un obscur mécanicien du Yorkshire, John Harrison, fils de charpentier et passionné d'horlogerie, qui, par son véritable génie, se joua de toutes les difficultés mécaniques non encore résolues de son temps et, avec quatre montres, en progrès l'une sur l'autre, parvint à des résultats acceptables pour déterminer le point à la mer.

Au courant du prix offert par la Royal Society de Londres, John Harrison, né en 1693 et qui n'en était pas à sa première horloge artisanale, mit six ans — après sa première rencontre avec le grand horloger Graham — à réaliser sa première montre marine. La n° 1, à deux balanciers contrariés, avec l'échappement « grasshoper » (sauterelle), bien connu aujourd'hui des historiens de l'horlogerie, est compensée en température, sur la tension des ressorts à boudin de rappel des balanciers, par un système de gril. Pesant 36 kg, cette respectable machine, terminée en 1735, fut essayée en mer sur un

178

navire de la Navy, au cours d'un voyage vers Lisbonne. Quelques lignes apparurent dans le *Bulletin de la Société Royale* : « M. John Harrison a présenté une machine nouvellement inventée, sorte de montre, par laquelle il se propose de conserver le temps à la mer avec plus d'exactitude qu'aucun instrument ou moyen jusqu'ici employé. »

500 livres furent votées à Harrison, à titre d'encouragement, pour la réalisation d'une deuxième montre qu'il avait déjà en tête. La n° 2 fut terminée en 1739, mais c'était une sorte d'extrapolation de la n° 1, sans changements notables. Aussi, sans promettre cette fois aucune date, l'horloger se mit-il au travail sur un troisième garde-temps, qui l'occupa pendant dix-sept années d'un travail acharné.

Dans la n° 3, les balanciers à poids contrariés avaient cédé la place à des balanciers circulaires, reliés entre eux par des ressorts cylindres à boudin, comme dans les montres n°s 1 et 2, mais animés par un grand spiral commun aux deux volants. Les balanciers étaient compensés en température par le spiral, réglé en longueur utile (déterminant donc la période) par la flexion d'un bilame. Les dispositifs antifrottements étaient nombreux et Harrison se proposait d'atteindre avec la n° 3 la précision de 3 ou 4 secondes par semaine. Mais, pour une raison ou une autre, la n° 3 ne fut pas essayée à la mer et une quatrième montre fut immédiatement entreprise.

Cette fois, il s'agit d'une grosse montre de carrosse, de 13 cm de diamètre, sans suspension à la cardan, que l'on pose simplement sur un coussin. Le grand balancier a 60 mm de diamètre, l'échappement « sauterelle », irréalisable dans une montre de petites dimensions, est remplacé par un échappement à verge, toutefois très amélioré par la forme spéciale de la denture et des palettes. Faute d'avoir découvert l'échappement libre qui isole le balancier du train d'engrenages, Harrison avait imaginé un appareil qui produisait le même effet et qu'il appelait « remontoire », sorte de réserve ponctuelle d'énergie mécanique intermédiaire. Terminée en 1759, la montre n° 4 fut embarquée sur le HMS *Deptford*, de la Royal Navy, en 1761. Le voyage de cinq mois par Madère et la Jamaïque démontra les éclatantes qualités de la montre de Harrison, qui n'avait varié en tout que de 53 secondes, donnant une erreur en longitude de 28'.

Harrison allait-il recevoir le prix de 20 000 livres décidé par l'acte du Parlement ? Bien des années allaient, hélas ! encore s'écouler avant que le grand artiste ne reçût son prix. D'autres essais furent faits, avec une copie de sa montre n° 4, par l'horloger Kendall. Harrison fut soumis au feu croisé des questions d'une commission d'examen, devant la montre mise en pièces détachées. Supercherie ? Mystère ? Hasard ? Le Board avait peine à croire que l'on pût tenir enfin le secret d'une machine à résoudre le problème du point. Et pourtant elle était bien là. Mais elle avait contre elle la routine des pratiques de l'estime et l'opposition des partisans de la méthode des distances lunaires, méthode chèrement acquise, soutenus par Maskelyne, astronome royal.

Alors, on traîna encore au Board of Longitudes, jusqu'au moment où, une cinquième montre ayant été produite et essayée avec succès à l'observatoire de Kew, l'injustice faite à Harrison apparut au grand jour. En 1772, compte tenu des diverses sommes déjà versées à titre d'encouragement, le complément du prix fut accordé à l'horloger qui avait alors 80 ans. Il s'éteignit trois ans plus tard. Pourtant, peu de temps après, le triomphal voyage de James Cook avec la copie par Kendall de la montre n° 4 devait faire éclater aux yeux du monde maritime et horloger le génie de Harrison et perpétuer sa mémoire. Isolé, sans rapports avec les recherches de son temps, John Harrison avait produit une œuvre d'une originalité absolue, mais si particulière,

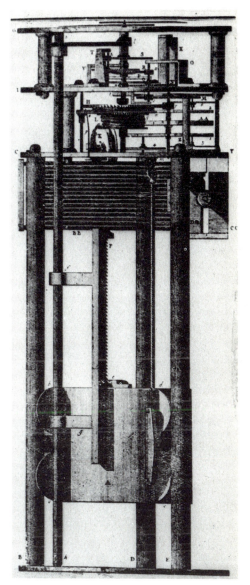

199. *Horloge à poids de Ferdinand Berthoud. Ce système utilisé par l'horloger, en alternance avec les ressorts, dans les divers modèles, est toutefois plus lourd et nécessite des guide-poids à rouleaux ainsi qu'une crémaillère de remontage. La compensation en température est faite grâce à un gril.*

si dénuée de principes généralisables, qu'elle s'éteignit avec lui et les recherches furent reprises, presque simultanément, par deux horlogers travaillant en France, le Français Pierre Le Roy (1717-1785) et le Suisse Ferdinand Berthoud (1725-1807).

En 1766, Pierre Le Roy présentait à l'Académie des sciences une montre à longitudes accompagnée d'un mémoire publié quatre ans plus tard intitulé *De la meilleure manière de mesurer le temps en mer.* Tous les grands principes de la chronométrie moderne s'y trouvent. Le moteur est un ressort. Le grand balancier lourd, circulaire, de 108 mm de diamètre, est suspendu par un fil d'acier, les axes sont pris dans des rouleaux guides. Le fil de torsion-suspente donnant des périodes d'oscillation trop longues, 2 grands spirals plats isochrones réduisent les battements à la demi-seconde. L'isochronisme du spiral était trouvé. C'était le premier grand principe de la chronométrie.

D'autre part, Le Roy avait installé sur sa montre un échappement particulier, qui était bel et bien l'*échappement libre* recherché depuis très longtemps, système qui, à part une courte fraction de mouvement du balancier, pendant laquelle il était en communication avec le rouage (pour 1° opérer l'échappement de la roue, 2° relancer le balancier par une petite impulsion), permettait au rouage et au balancier d'être complètement indépendants l'un de l'autre et de laisser à ce dernier sa liberté d'isochronisme, liée aux propriétés mêmes du spiral. C'était

*Chronomètre McGregor, vu du côté de la petite platine, opposée à la grande platine proche du cadran. En haut : le carré de remontage — axe de la fusée — entouré du canon de remontage, ce dernier disposé autant comme cache-poussière que comme guide-clé. Au centre : le balancier, pris dans le pont, ou coq, de balancier, qui en guide l'axe supérieur. A droite : le rochet de barillet, servant à régler l'armure du grand ressort. Entre les deux platines : les piliers, ou colonnes, qui en maintiennent l'écartement.*

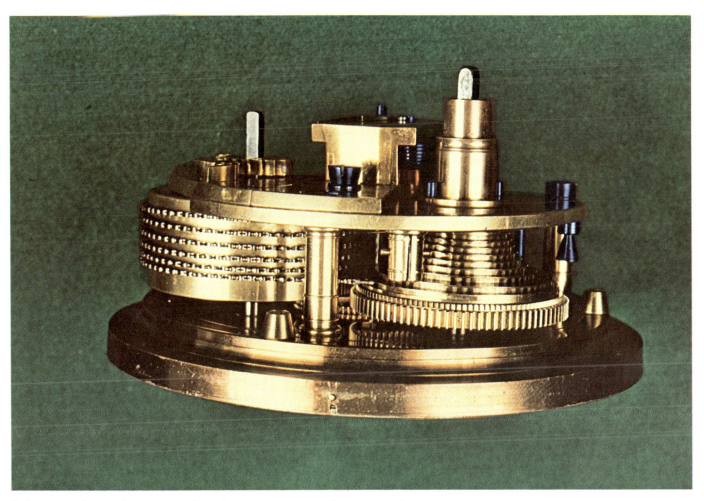

là le second grand principe des chronomètres modernes. Enfin, restait la compensation en température que l'on avait jusqu'alors réalisée sur le spiral en modifiant sa longueur utile et que Le Roy appliquait au balancier lui-même, comme cela se faisait pour les pendules murales à balancier pendulaire. Deux tubes capillaires remplis d'alcool (pour la dilatation rapide) et de mercure en bout (pour la variation importante de poids) réalisaient, avec les variations de température, une modification de leur moment d'inertie exactement égale et de sens contraire à la variation de moment d'inertie du balancier. Cette compensation par le balancier, plus tard réalisée grâce au balancier bimétallique, constituait le troisième grand principe de l'horlogerie de marine moderne. Examinée avec intérêt par l'Académie, la montre de Le Roy fut essayée sur *l'Aurore*, petit navire construit spécialement pour un voyage scientifique en mer du Nord et armé aux frais du marquis de Courtanvaux, capitaine-colonel des Cent-Suisses, de la garde ordinaire du roi, amateur d'astronomie et membre de l'Académie des sciences. Ce voyage d'essai, auquel prirent part deux montres identiques de Le Roy, fut trop court et trop haché d'escales pour permettre de juger pleinement de la qualité des montres, et un second essai eut lieu en 1768, à bord de *l'Enjouée*, au cours d'un voyage quadrangulaire atlantique, qui dura cinq mois. Au retour, les résultats des montres étaient comparables avec ceux qu'avait obtenus Harrison avec sa montre nº 4.

Mais Le Roy n'était plus seul à donner ses montres en épreuve. Berthoud, dont on verra plus loin l'œuvre, avait prouvé la qualité de ses machines nºs 6 et 8, au retour du voyage d'essais de *l'Isis*. Borda

*Autre vue du chronomètre McGregor, montrant le barillet, la fusée et la chaîne, système qui assure au mouvement une tension constante quel que soit l'état de remontage du grand ressort.*

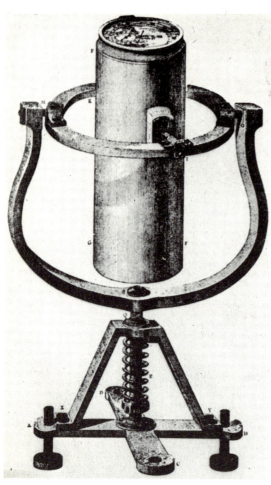

200. *Horloge à poids de F. Ber-thoud, montrant le long comparti-ment caractéristique de cet appareil et la suspension à la cardan.*

201. *Chronomètre de marine par John Arnold & Sons, n° 68 - Lon-dres. Le boîtier octogonal en noyer est caractéristique des productions de cet horloger. Remontage à clé par le fond. Echappement à détente res-sort. Spiral cylindrique en or.*

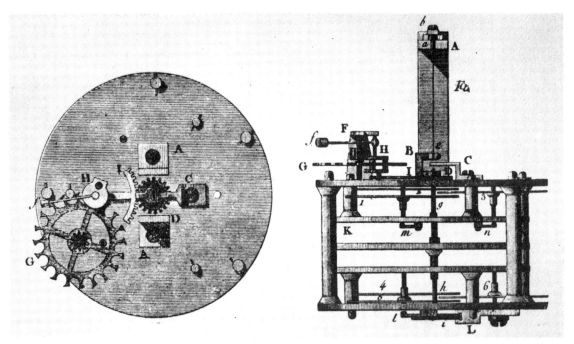

émit une opinion favorable, au vu des notes de Fleurieu, qui avait accompagné les montres, et l'on décida d'un voyage comparatif à bord de *la Flore*, pour départager les mérites des deux horlogers. La n° 8 de Berthoud se comporta mieux que les montres de Le Roy, mais cependant ce fut ce dernier qui reçut le prix, Berthoud, horloger officiel de la Marine, ne pouvant concourir, étant régulièrement appointé pour fournir des montres de qualité.

L'œuvre de Le Roy ne peut se mesurer au nombre des pièces réalisées. Elle a surtout valeur d'exemple et de qualité d'enseignement. Sans parti pris, on peut certainement attribuer à Pierre Le Roy la paternité du chronomètre moderne — néologisme dont il est d'ailleurs l'inventeur — en raison des trois grands principes indiqués plus haut, qui furent pour la première fois réunis avec bonheur dans une seule machine à mesurer le temps.

Berthoud était homme d'une tout autre nature. Artisan adroit, habile à faire sa publicité et à mettre en œuvre ce que d'autres n'avaient fait qu'établir dans le principe sans parvenir à dépasser ce stade, il fut certainement l'horloger le plus prolifique de son temps. On a également de lui des ouvrages importants, qu'il jugeait utile de faire publier, comme pour pouvoir mieux affirmer la prééminence de ses réalisations et de ses idées par rapport à son rival Pierre Le Roy. Il faut attendre la montre n° 52 de Berthoud pour avoir la réalisation la plus proche des chronomètres de marine modernes. Mais jusque-là, que de variétés dans l'assemblage des divers éléments ! Ressorts, spiraux, poids, échappements, compensations, rouages... Tout fut pratiquement essayé dans diverses directions, et l'on ne peut pas dire que Berthoud ait orienté son œuvre sur un point particulier, comme un Harrison avait pu le faire, par exemple, autour du *remontoire* ou de l'échappement, ou un Le Roy avec les solutions originales de la compensation ou de l'échappement libre.

A la mort de Harrison, John Arnold (1736-1799) et Thomas Earnshaw (1749-1829) en Angleterre, continuèrent l'œuvre du grand horloger, trouvant des solutions au problème de l'échappement, resté sans réponse, et revenant à des solutions de détail plus simples, et aussi plus utiles, pour la production en série, qui ne pouvait s'accommoder que de techniques éprouvées. C'est aussi ce que firent en France

202. *Gravures extraites du* Traité des horloges marines, *de Ferdinand Berthoud. A droite, partie supérieure du mouvement, vue latérale. A gauche, vue de l'échappement à cylindre utilisé dans les horloges marines n°s 6 et 8. AA', point de suspension (coupé) du balancier régulateur dont l'axe porte le pignon D. Celui-ci reçoit l'impulsion de la roue d'échappement G par l'intermédiaire d'un cylindre H muni de tranches en rubis.*

183

203. *Horloge marine n° 3 de F. Berthoud, 1775. Horloge utilisée par Borda en 1776.*

Abraham-Louis Breguet (1747-1823) et Louis Berthoud, neveu de Ferdinand (1750-1813), car il importait désormais de produire de bonnes montres à longitude pour l'équipement de la Flotte.

En 1832, le Dépôt de la Marine fait état de 143 chronomètres (par Berthoud, Breguet et Motel exclusivement). La marine de commerce n'en avait pas encore, et n'en aura que vers 1880.

Vers 1850-1860 se produit alors la période d'industrialisation avec les horlogers anglais Frodsham, Dent, Ferguson, Cole, Denison, les Français Motel, Winnerl, Dumas, Vissière, Le Roy et les Suisses Dubois, Richard, Nardin, Jurgensen...

184

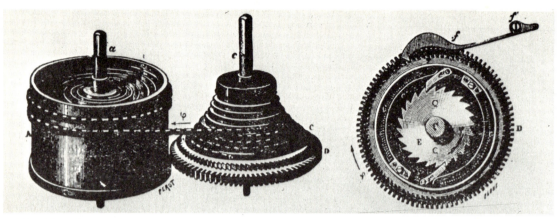

204. *Barillet, chaîne, fusée, ressort et dispositif d'entretien de la tension du mécanisme en cours de remontage. Le profil tronconique de la fusée assure un bras de levier constant du début de la marche (haut de remontage) jusqu'à la fin (bout de course).*

205. *Chronomètre nº 94 par Louis Berthoud. Trois cadrans sont prévus pour les heures, les minutes et les secondes.*

206. *Montre marine n° 36 de l'horloger Motel.*

Est-ce à dire que la Marine achetait sans discernement les productions des marques, comme on ferait aujourd'hui, les yeux fermés, pour un chronomètre à quartz garanti par le renom d'un constructeur, l'usage devant prouver la qualité de l'appareil ?

Il y eut d'abord en France des horlogers de la Marine « en titre », tels que Ferdinand et Louis Berthoud, puis Breguet, qui, avant l'institution du Dépôt de la Marine, réparaient et conservaient chez eux « en dépôt » les montres à longitude. Leur production ne suffisant pas, le titre de fournisseur de la Marine fut étendu à un certain nombre d'horlogers, dont Motel, neveu de Louis Berthoud.

C'est à partir de 1833 que les montres furent achetées au concours. Un règlement, difficile à élaborer, fut enfin communiqué aux horlogers. Les montres retenues devaient être payées 2 474 F. Cette première année, 46 montres furent sélectionnées, puis le règlement se modifia en fonction des résultats des épreuves subies jusque-là par les montres qu'on ne pouvait pas embarquer toutes, pour les essayer *in situ*. On prévit des primes intéressantes, allant jusqu'à 2 500 F, pour les meilleurs chronomètres.

En 1858 le règlement avait pris la forme à peu près définitive qu'il conserva jusqu'à la guerre de 1914-1918. Cette année 1858, la Marine possédait 57 Berthoud, 132 Motel, 71 Breguet, 56 Winnerl, 13 Robert, 4 Daumas, 1 Lecoq, 11 Gannery, 7 Vissière, 4 Rodanet, 2 Jacob, et 8 chronomètres anglais achetés pour essai. Les bonnes

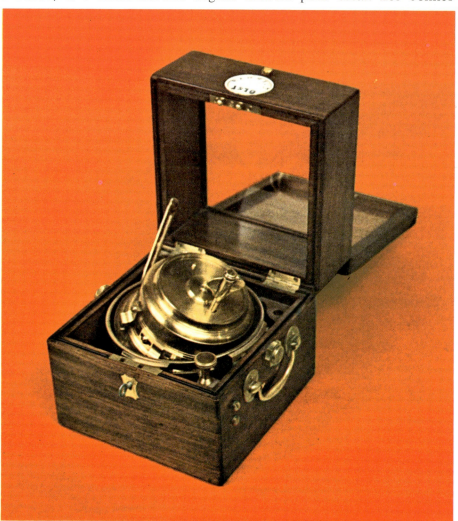

*Chronomètre de marine retourné, montrant la position de remontage journalier, grâce à la clé spéciale à cliquet.*

188

*Détail du chronomètre montrant le pont de détente, la roue et le pignon d'échappement, ainsi que la vis à tête ronde pour le réglage du repos.*

montres à secondes, dites *compteurs,* en boîtes de bois, n'allaient pas tarder à faire leur apparition.

Les tests chronométriques d'achat perdirent peu à peu de leur rigueur, dès que les tops radio se développèrent. On pouvait contrôler la marche des chronos, prendre un état absolu, et la navigation n'en pâtissait nullement. Et, ce faisant, il était bien facile de savoir ce que valait la variation de tel ou tel garde-temps. Rapidement, les mauvais modèles ou marques étaient jugés et éliminés des commandes ultérieures. C'est ainsi que l'on revint pratiquement aux privilèges de quelques grandes marques qui continuèrent à fournir la Marine.

Il y a environ dix ans que les grands constructeurs de montres mécaniques ont cessé de produire des chronomètres de marine. Certaines compagnies « à l'ancienne » conservant leur « parc chrono », les réinstallant sur des bateaux neufs. La plupart des grands bâtiments qui sortent aujourd'hui des chantiers ont des chronomètres à quartz, mais la précision même de ces appareils est superfétatoire, à notre époque où les bonnes montres portatives sont vite réglées par un top horaire, tout aussi vite obtenu sur n'importe quel récepteur radio, en n'importe quel point du monde.

# 5 Hydrographie, géodésie et astronomie à terre

207. *Graphomètre par Doizy.*

# Les mesures angulaires

208. *Graphomètre par Baradelle, à Paris.*

Les expéditions maritimes de découverte furent très nombreuses pendant la seconde moitié du XVIIIe. Elles emportaient toujours un matériel scientifique considérable. On a conservé la liste des pièces qui accompagnaient La Pérouse et que cite Daumas :

« Instruments d'astronomie, quarts de cercle, instruments des passages, lunettes, horloges, instruments de géodésie et de topographie, cercles à réflexion de Borda, sextants anglais, théodolites, graphomètres, étuis de mathématiques, divers instruments d'arpentage et de mesure. L'expédition emportait, en outre, la toise dite « du Pérou », qui avait servi à La Condamine et à ses confrères. Il y avait, de plus, une machine pneumatique à deux corps de pompe, une machine électrique à plateau, l'une et l'autre avec tous leurs accessoires, des baromètres, des hygromètres, des thermomètres, deux microscopes de Dellebare, une balance hydrostatique, deux eudiomètres, un miroir ardent, des loupes, des aréomètres, enfin tout un laboratoire de chimie avec fourneau, vases, produits... »

191

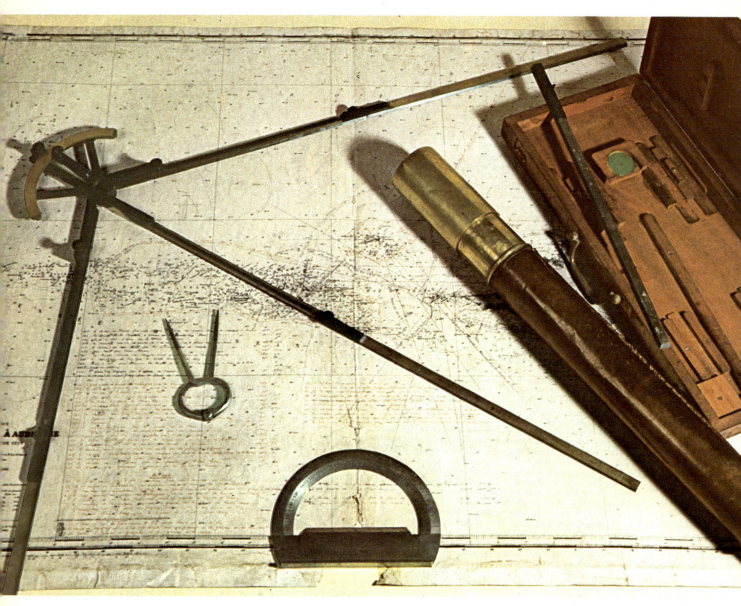

*Stigmographe (pointer des Anglais) en position de tracé sur la carte pour les relèvements des trois points remarquables : Le Bouc, le grand phare de Sein et Ar Men. L'intérêt de cet appareil réside dans le fait qu'il permet de tracer des relèvements angulaires pris au cercle hydrographique, les angles entre les points relevés étant affranchis des erreurs de déviation et de déclinaison.*

*Le stigmographe est un modèle A. Hurlimann, marqué Marine A.G. 113. La longue-vue de bord à un tirage est marquée W.F. Stanley, London, Day or Night.*

*Le rapporteur, numéroté 94, est marqué Service hydrographique de la Marine soviétique.*

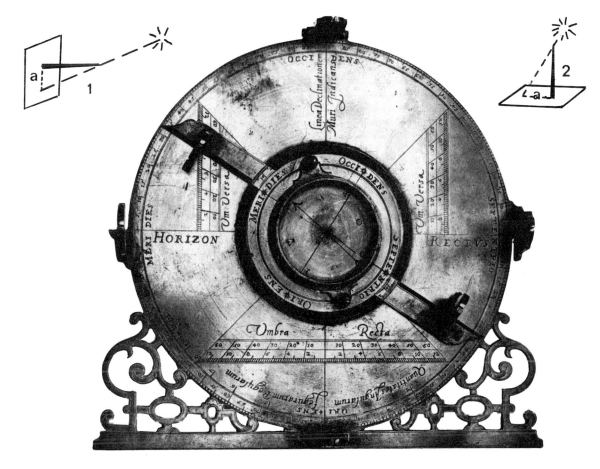

209. *Graphomètre cercle entier. XVIe siècle. Les termes de* Umbra recta, Umbra versa, *demandent quelques explications. En effet les tangentes et cotangentes étaient figurées par les Arabes sous forme de projection d'un gnomon unitaire. A gauche (1), l'ombre portée donne la tangente a, ou* umbra versa ; *à droite (2), l'ombre a exprime la cotangente ou* umbra recta. *La valeur de l'ombre, multiple de celle du gnomon-unité, est donc une ligne trigonométrique. Mais à partir de 1580-1600, on ne parle plus des vieilles dénominations* umbras, *on utilise exclusivement les termes de tangente et cotangente.*

210. *Cercle entier d'origine italienne.*

Les horloges à longitude, nouvellement acquises par la Marine, étaient les instruments clefs de ces expéditions destinées à vérifier les coordonnées géographiques sur les cartes du Dépôt de la Marine. Pour la France seule il faut citer les importantes campagnes d'hydrographie de Borda en 1776, sur la côte d'Afrique et aux Canaries, de Rosily, de Beautemps-Beaupré (1816-1826), de Daussy, Roussin, Givry... On emportait non seulement les outils de la nouvelle navigation (montres et chronomètres), mais on traitait aussi les distances lunaires au cercle à réflexion, et bien entendu les mesures précises de longitude se contrevérifiaient à terre, dans les observatoires qui étaient dressés.

Pour le tracé des cartes, de nouveaux instruments étaient apparus, tels que le stigmographe à branches, ou des instruments qui combinaient cet appareil et la règle parallèle.

# Tracés précis

**211.** *Bel instrument de tracé, sans origine de provenance, ni date, en boîte, comprenant règles parallèles et rapporteur à branches, pour les levers hydrographiques.*

212. *Cadran de rapporteur à branches, par Troughton et Simms, Londres.*

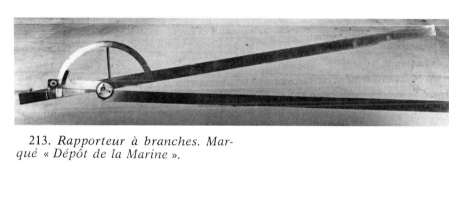

213. *Rapporteur à branches. Marqué « Dépôt de la Marine ».*

214. *Récipiangle ou rapporteur-alidade, par Dulac, 1607.*

# L'inclinaison magnétique

Ignorée jusque vers le milieu du XVI<sup>e</sup> siècle, découverte puis jugée sans intérêt pour la navigation, l'inclinaison magnétique reprit tout son intérêt au début du XIX<sup>e</sup> siècle, avec les premières tentatives de tracé des lignes isogones pour perfectionner la navigation au compas. A côté des lignes d'égale déclinaison, on fit figurer celles d'égale inclinaison, la direction et l'importance du vecteur champ intéressant surtout les théoriciens de « l'évolution linéaire » dans le temps et dans l'espace, du magnétisme terrestre ; théorie qui, on le sait, est une vue de l'esprit, aucune loi connue ne régissant cette évolution.

215. *Boussole d'inclinaison de Gambey, XIX<sup>e</sup> siècle.*

Mais là où la connaissance de l'inclinaison prit toute son importance, ce fut avec l'étude des champs tournants et des coefficients liés aux influences magnétiques sur le compas à bord des navires. La carte des composantes du champ terrestre devenait indispensable.

L'étude de l'évolution du magnétisme se poursuit encore en mer par des mesures directes, les anomalies n'étant pas rares.

216. *Aiguille d'inclinaison de Magny, XVIIIe.*

217. *Carte commerciale de la maison Ponthus et Terrode.*

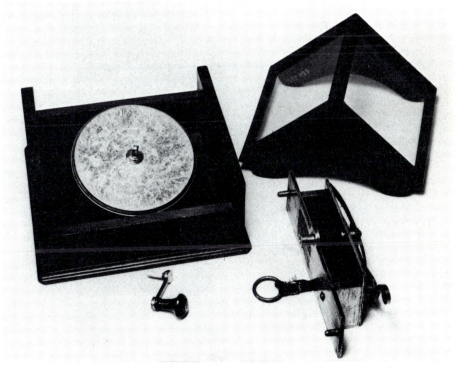

218. *Horizon artificiel de Serson. Monté sur rotule, le miroir placé dans le coffret comporte un carré d'entraînement. A droite : le système de lancement comporte une démultiplication à engrenage et une courroie pour la mise en mouvement par traction rapide (lanceur).*

# Le théodolite

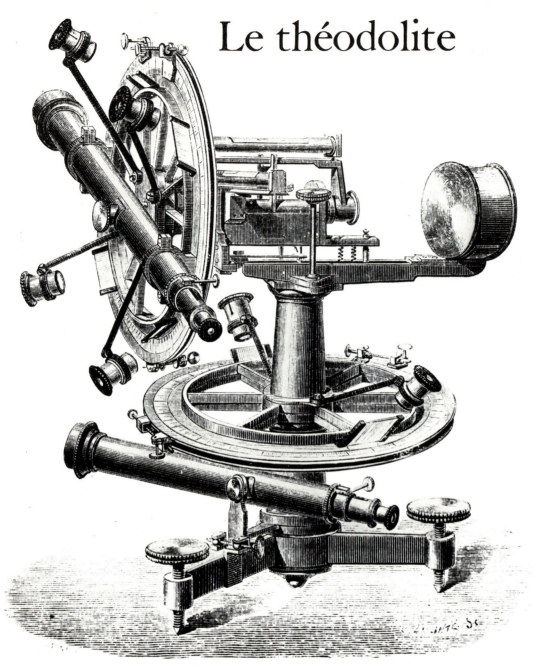

219. *Théodolite de Gambey. Cet appareil de géodésie est destiné à mesurer les distances zénithales et les angles réduits à l'horizon. Il comprend deux cercles divisés, l'un vertical à lunette mobile autour d'un axe horizontal, l'autre horizontal avec axe vertical et lunette. Ces cercles sont doublés, l'un étant fixe, l'autre mobile. Le deuxième cercle est susceptible d'être fixé au premier par une vis de pression. L'usage veut que l'on applique aux mesures le principe de la répétition et celui des observations croisées. Les niveaux à bulle servent à régler les horizontales lors de la « mise en station ». Le théodolite semble être une invention britannique, les premiers instruments de ce type ayant quelque valeur apparaissent avec le constructeur Ramsden. La forme de ces instruments varie selon les mécaniciens et l'usage qu'en font les géomètres, mais le principe de la double mesure des angles verticaux et horizontaux reste immuable.*

# Les cercles de mesure

220. *Cercles répétiteurs.*

A défaut des instruments fixes des observatoires, les scientifiques des expéditions géographiques emportèrent avec eux des cercles répétiteurs, instruments de mesure d'angles dans des plans inclinés. Le principal avantage de la répétition au cercle consiste dans l'approximation, presque infinie, avec laquelle on peut, théoriquement du moins, évaluer les angles par leur répétition.

L'évaluation d'un angle peut être entachée de deux erreurs dont l'une provient du *pointé* et l'autre, de la *lecture* de l'angle. La première est toujours très faible (1″ environ), l'autre est grande, puisqu'on ne peut lire les angles qu'à la minute près. C'est pourquoi, au lieu de mesurer l'angle lui-même, on mesure un de ses multiples, et, en ne faisant qu'une seule lecture, la valeur de l'angle sera erronée seulement au maximum de l'erreur de lecture de visée, divisée par *n* fois l'angle mesuré.

Dans les cercles répétiteurs de Borda, le limbe peut prendre toutes les inclinaisons possibles, et l'on mesure l'angle dans son plan, au lieu de mesurer directement sa projection horizontale.

L'emploi de cet instrument exige donc pour chaque angle le calcul de la réduction à l'horizon, ce qui le différencie essentiellement du théodolite.

221. *Théodolite marin à pinnules et lunette. Cette dernière manque sur l'instrument, on ne voit en haut que les deux supports d'axe. Le montage est fait à la cardan, un contrepoids est prévu pour assurer la verticale de l'appareil.*

222. *Cercle répétiteur par Lenoir, 1805.*

*Horizon artificiel en marbre noir poli, avec son niveau de positionnement, par E. Lorieux à Paris, n° 240. Dépôt des cartes et plans de la Marine, France, fin XIX.*

*Horizon artificiel à mercure avec sa cuvette à trou stabilisateur, son flacon verseur et son habitacle à verres sans prismaticité, disposés à angle droit. Signé Negretti & Zambra, Opticians, Londres. Fin XIX*

*Le sextant est un modèle de G. Santi, à Marseille. Fin XIX.*

# Astronomie marine
# à terre

Inventé par Tycho Brahe (1546-1601) et perfectionné par la suite, le secteur astronomique décrit dans l'*Encyclopédie* est le modèle de Picard. Muni d'alidades au début, puis de lunettes, cet appareil atteint parfois l'énorme rayon de plus de deux mètres. On l'appelle aussi parfois octant ou sextant sur pied, selon sa capacité angulaire. Son plan étant orientable sur pivot, il peut mesurer aussi bien des angles verticaux que des angles horizontaux ; il est utilisable tout autant en géodésie qu'en astronomie.

Le quart de cercle astronomique est souvent un instrument fixe, de plus grandes dimensions que le secteur, mais de principe identique. Il peut servir d'instrument des passages.

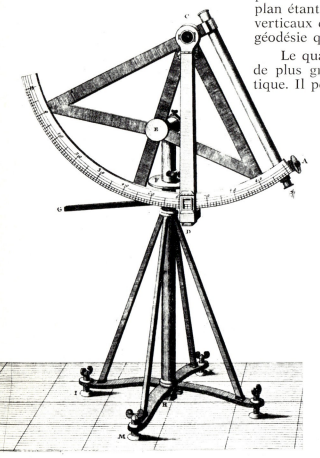

**223.** *Secteur astronomique. Extrait de l'Encyclopédie, 1767.*

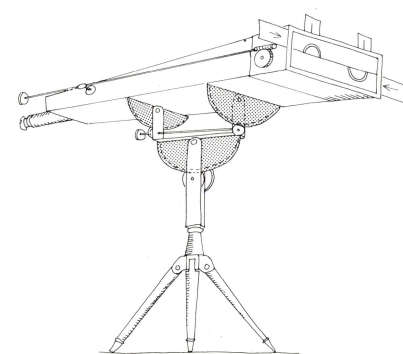

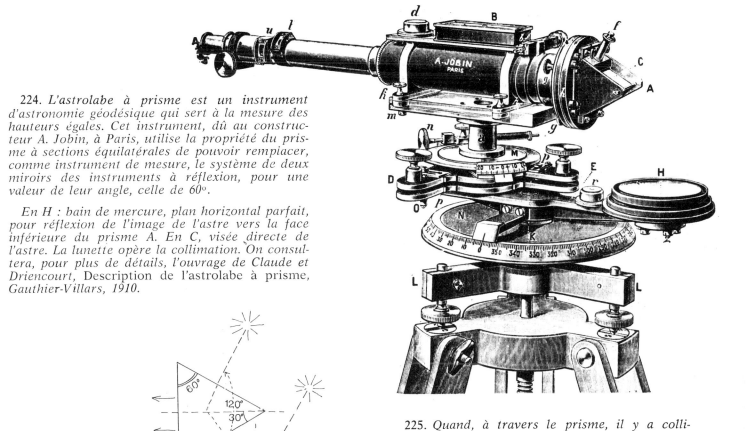

**224.** *L'astrolabe à prisme est un instrument d'astronomie géodésique qui sert à la mesure des hauteurs égales. Cet instrument, dû au constructeur A. Jobin, à Paris, utilise la propriété du prisme à sections équilatérales de pouvoir remplacer, comme instrument de mesure, le système de deux miroirs des instruments à réflexion, pour une valeur de leur angle, celle de 60°.*

*En H : bain de mercure, plan horizontal parfait, pour réflexion de l'image de l'astre vers la face inférieure du prisme A. En C, visée directe de l'astre. La lunette opère la collimation.* On consultera, pour plus de détails, l'ouvrage de Claude et Driencourt, Description de l'astrolabe à prisme, Gauthier-Villars, 1910.

**225.** *Quand, à travers le prisme, il y a collimation parfaite entre les deux rayons, direct et réfléchi, l'angle de ces deux rayons est de 120°, ce qui signifie que la hauteur de l'astre est égale à 60°.*

**226.** *L'héliomètre. Bouguer avait, en 1748, proposé de pousser le champ de l'héliomètre jusqu'à 3 ou 4°, de façon à mesurer avec précision les distances Lune-étoiles rapprochées. Le L. V. Charnières devait mettre au point un « mégamètre » en 1767, appareil décrit en 1772, dans son ouvrage consacré à l'instrument. Construit par Carochez, il coûtait 350 livres. Le premier modèle comprenait des demi-objectifs de Dollond, qui se déplaçaient sur un plan, puis sur des arcs de cercle, à centre commun et rayon égal, dans les modèles ultérieurs. Le diamètre des objectifs était de 34 mm, la distance focale de 208 cm. Grâce à une molette, l'une des lentilles s'ajustait sur l'autre. On pouvait mesurer des arcs de 10 à 12° maximum, et les lectures se faisaient à la seconde d'arc près. Charnières prouva l'utilité de cet appareil à la mer, lors d'un voyage à la Guadeloupe en 1767, à bord du navire le Sensible. Messier essaya le mégamètre sur l'Aurore de Courtanvaux, et Mersay l'utilisa lors du voyage de Verdun de La Crène. Cependant, même si son emploi était possible à la mer, on était limité par le nombre d'étoiles proches de la Lune et par les erreurs de « réduction » des très petites distances lunaires. Si bien que l'angle mesuré était précis mais les résultats en fin de calcul n'étaient pas meilleurs qu'avec des mesures à l'octant. Rochon eut l'idée de placer des prismes de déviation connue devant les objectifs pour en augmenter le champ de mesure, mais l'héliomètre resta cependant un instrument d'observatoire, non un outil de navigation.*

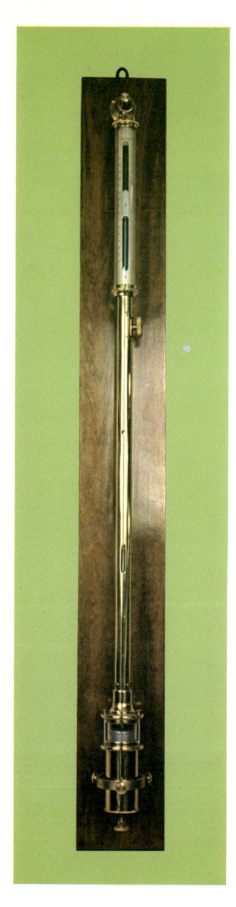

# 6 Observation et prévision du temps

## Les instruments de la météorologie

C'est vers le milieu du XIXe siècle qu'apparaissent les premières notions scientifiques de météorologie. Matthew Fontaine Maury, fondateur de l'*Hydrographic Office* américain, cartographie les vents et les courants sur ses *Pilot Charts* et ses *Sailing directions*. Mais la prévision, localisée et à court terme, n'est encore qu'un souhait. D'ailleurs, même s'il existait des offices météorologiques capables de tels bulletins, comment pourraient-ils transmettre leurs informations ? Dans les ports, on hisse les signaux de tempête et, dans les régions côtières, on sait par habitude le temps qu'il va faire. Mais en mer, c'est une tout autre affaire. Certaines zones, tel l'Atlantique Nord, ont la franchise de leurs colères, et les avant-coureurs des dépressions parlent aux marins, mais au large des côtes brésiliennes du sud, quel nuage viendra avertir du grain blanc — invisible par définition — ou du coup de *pampero* ? Et au débouché du golfe du Mexique, comment saura-t-on, avec le plus beau temps du monde, qu'on se trouve sur la trajectoire d'un cyclone tropical ? Des siècles durant, les marins ont passé leurs longues heures de quart à interroger le ciel au lever du soleil et au couchant, à surveiller les changements de la couleur de la mer, la direction des lames, la position de la girouette en tête de mât, appréciant à l'oreille, autant qu'à l'œil, avec les crêtes blanches des vagues, la force de la brise, pour se faire une opinion du temps, mais pour autant qu'ils en aient eu l'idée très précise, ils n'ont jamais semble-t-il, depuis qu'il existe, contesté les indications du « sorcier », le baromètre, qui, dans les cas extrêmes, s'est toujours montré prévoyant.

Les premiers baromètres sérieux furent ceux qui utilisèrent directement le principe de Torricelli, avec tube et cuvette. Ils apparurent dans leur version marine, montés à la cardan, aux débuts du XIXe, avec cuve plus ou moins large (Tonnelot), ceux à petite cuve étant du type Fortin. Ces derniers se révélèrent moins fragiles et donnaient par beau temps des indications très valables si l'on savait interpoler entre les valeurs extrêmes de la colonne de mercure, montant et descendant au roulis. Par très gros temps, il fallait être sorcier soi-même pour lire le baromètre, aussi la capsule ronde de métal ondulé et vide d'air, dite capsule de Vidi, fut-elle utilisée avec profit dans les baromètres dits anéroïdes ou hollostériques, soit à cadran, soit enregis-

*Baromètre à mercure de type Fortin,*
*réglementaire dans la Marine, c. 1880.*

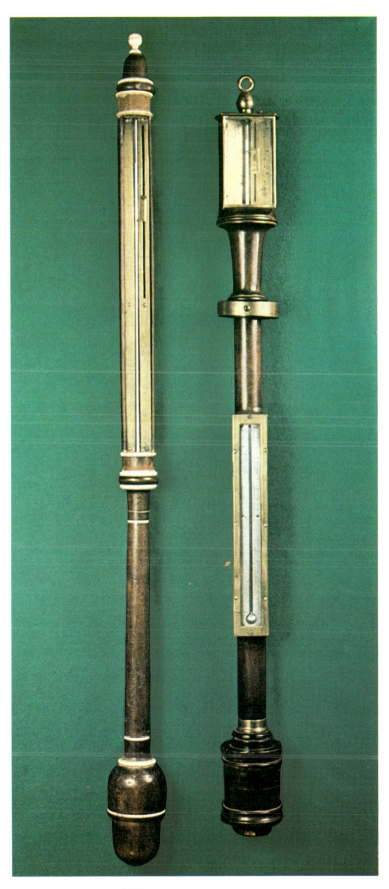

*Deux baromètres marins (XVIIIe siècle),*
*l'un suspendu par anneau,*
*l'autre à la cardan.*

227. *Extrait d'*Arte de navegar, *de Pedro de Medina.*

treurs, ceux-là au moins étaient insensibles aux mouvements du navire, et bien qu'ils fussent un peu lents à décoller (bon prétexte pour les tapoter du doigt, comme pour en solliciter une réponse), on les préféra à bord.

Des mouvements de la pression, en hausse ou en baisse plus ou moins rapide, on pouvait donc tirer de précieuses indications, en s'inspirant des règles générales des *Instructions nautiques*. Le vent aussi, avec sa direction et sa force, est une des données capitales de la prévision météorologique. Il n'est pas douteux que les marins de la voile aient su parfaitement l'apprécier d'expérience, à la tension du gréement dormant et au chant de la brise dans la mâture, mais les bâtiments hydrographiques et météorologiques ne pouvaient se contenter d'appréciations humaines, par définition subjectives et erronées. L'anémomètre, mesureur de la vitesse du vent, a pu prendre bien des formes, mais les deux grands principes de mesure restent ceux de la rotation d'une roue à ailettes (ou à coupelles), entraînant un compte-tours, ou bien la pression du vent sur une surface étalonnée. Ce dernier type est aussi bien représenté par un modèle à coupelle, dont les inclinaisons sur la verticale sont proportionnelles à la force du vent, que par des appareils du type du vélocimètre Droinet, à pression-dépression.

On s'est toujours méfié, sur les voiliers, de l'impression du vent relatif, renvoyé sur les dunettes par la voilure, l'idéal des mesures semblant être celles au haut du mât. Dès l'invention de l'électricité (piles), d'ingénieux systèmes de transmetteurs ont été mis au point, pour télécommuniquer les données du vent soufflant à la pomme du mât.

206

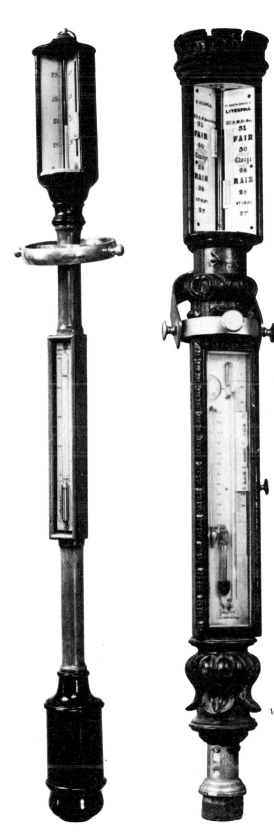

# La pression barométrique

229. *Baromètre marin par J. Sewill, Liverpool.*

230. *Baromètre par Dollond, Londres.*

228. *Baromètre marin anglais, montage à la cardan, graduations en pouces.*

*Grand baromètre enregistreur à huit capsules de Vidi. Très belle fabrication par Wilson et Harden, Londres. Anémomètre de 11 cm de diamètre, par Winter, Newcastle. Biram's Patent 148. Fin XIXᵉ. Rose d'équivalence des allures à la voile et des caps vrais, selon la direction du vent. France, fin XVIIIᵉ.*

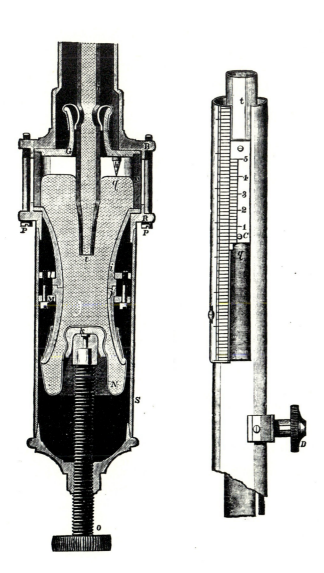

231. *Coupe du baromètre de For-*
*tin, montrant la cuvette, terminée*
*en dessous par une peau de chamois,*
*poussée par la vis O pour que le mer-*
*cure affleure, en q, la pointe de ré-*
*férence h. A droite, image du vernier*
*destiné aux mesures fines, au cen-*
*tième de pouce. En C, le vernier*
*affleure la partie bombée de la*
*colonne de mercure.*

232. *Baromètre de voyage.*

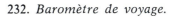

233. *Baromètre anéroïde de Bre-guet, à capsule de Vidi, dont les déformations sont amplifiées pour entraîner l'aiguille grâce à un peigne denté.*

234. *Facture de la maison Jecker, « à Monsieur Robert Surcouf », en juillet 1819.*

210

# Vitesse
# et direction
# du vent

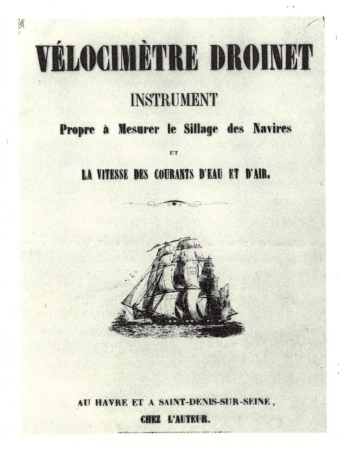

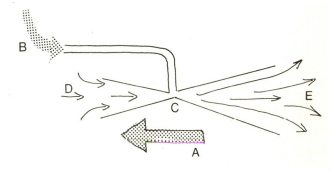

236. *Principe du vélocimètre Droinet : DE, entrée et sortie des filets d'eau, C, Venturi à double cône, B, aspiration, A, sens de la marche du bateau.*

235. *Le vélocimètre Droinet. Extrait des commentaires du constructeur de cet appareil de mesure de vitesse, au sujet des expériences réalisées à bord du yacht anglais Black Eagle, de l'Amirauté, en août 1854, puis sur l'aviso de l'Etat Galilée, entre Paris et Cherbourg, en avril 1855 : « Aujourd'hui que notre instrument a traversé victorieusement toutes les épreuves qu'on avait le droit d'exiger de lui, et que nous pouvons, à l'appui de chacune de ces épreuves, produire des titres authentiques, des témoignages irrécusables, nous nous empressons de le livrer à la publicité et de signaler aux navigateurs un nouveau sillomètre, dont les indications toujours constantes et mathématiquement exactes ne leur feront jamais défaut. » Dans l'Ami des sciences, le rédacteur écrit à propos de cet instrument de mesure : « La théorie de la contraction de la veine fluide fait le principe de cet appareil ; ce n'est autre chose qu'une application ingénieuse du tube à double cône de Ven-* turi. *Ce tube a la longueur de 30 à 36 cm et il est attaché au navire dont il doit mesurer le sillage. Il est composé de deux cônes tronqués, de hauteur différente, joints par leur sommet. Au point d'intersection des deux cônes, on a percé un petit trou surmonté d'un tuyau, dans lequel se produit, dès que le navire s'avance, une aspiration qui s'accroît proportionnellement au sillage. L'inventeur a imaginé de faire agir cette aspiration sur un manomètre. Soit sur une colonne de mercure garnie d'une échelle graduée, soit sur un mécanisme construit avec la boîte de Vidi, soit sur l'indicateur de vide de Bourdon. »*

*D'autres indications sont données dans le manuel de présentation du Vélocimètre pour son usage en tant qu'anémomètre et il semble que ce montage ait été réalisé avec succès à bord de plusieurs bâtiments de l'Etat.*

237. *Anémomètre à coupelles élémentaire, composé d'une girouette de direction et de repères d'inclinaison du bras, fonction de la force du vent.*

238. *Anémomètre à pales, pour montage en tête de mât. Le cadre était prévu comme support de girouette. On note les galets en bronze sur l'axe supérieur, pour un pivotement sans frottement. La mesure de vitesse n'est pas constante, le système d'engrenage est maintenu hors du contact de la vis sans fin, mue par les pales, grâce à un ressort. Une traction par câble permet d'embrayer l'appareil. La grande roue porte un téton-contacteur électrique, qui ferme le circuit d'une sonnerie. Une table d'étalonnage est prévue pour donner la vitesse du vent en fonction des intervalles de temps entre chaque sonnerie. C. 1880.*

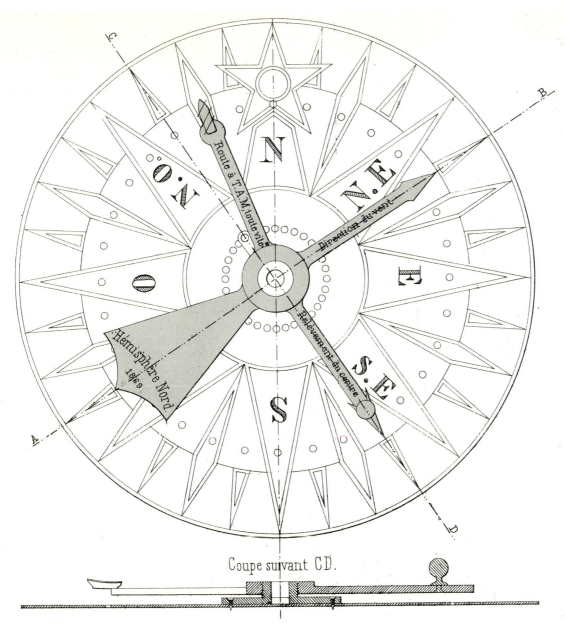

Coupe suivant CD.

239. Le « paracyclone » du capitaine de frégate, F.-R. Roux, c.
1870. Dans le Guide des ouragans, ouvrage écrit par l'inventeur, nous
trouvons les lignes suivantes concernant son appareil : « Les tempêtes
étant heureusement assez rares, j'ai pensé à utiliser le paracyclone en
le transformant en correcteur de route et de relèvement au moyen de
deux simples aiguilles convenablement disposées. J'ai confié à l'habile
opticien de Marseille, M. Santi, l'exécution des instruments que je viens
de décrire. Les premiers modèles qui m'ont été soumis sont remarquables par la précision et le fini du travail, ils ne laissent rien à désirer.
Or, comme j'ai vérifié les matrices types qui ont servi à les établir et
que j'ai contrôlé toutes les inscriptions et instructions, on peut avoir une
confiance absolue dans les produits qui porteront la marque de cet
honorable industriel. Cette recommandation est faite seulement en vue
des contrefaçons. Pour ce qui me concerne, je n'attends de mon œuvre
d'autre récompense que la satisfaction de m'être rendu utile à la grande
famille des marins, à laquelle je m'honore d'appartenir. »

Pour plus de détails sur cet appareil polyvalent, bien caractéristique
des instruments fabriqués à cette époque, on pourra se reporter à la
Revue maritime et coloniale, août 1870.

# Index
# alphabétique
# des instruments
# représentés

(*Les numéros renvoient à ceux des illustrations : ceux précédés de p, renvoient aux pages en couleur.*)

240. *Un curieux appareil servant à raffiner les calculs de l'estime. Pompeusement appelé « dériveur à pinnules, en cuivre », cet engin, amarré au couronnement par ses deux bras, permettait, grâce à son alidade et à ses deux repères, d'estimer la dérive au vent grâce à la visée du sillage. Cette donnée intervient dans les calculs de la route d'une façon très importante pour les voiliers.*

## A

Aiguille aimantée : p. 19.
Aimant monté : 4, 5, 6, 7.
Alidade (v. Compas de relèvement).
Ampoulette (v. Sablier).
Anneau astronomique : 172, 173, 174, 175, 176.
Anneau à trois cercles : 179, 181.
Anneau universel : 177, 178, 180, 182.
Anémomètre : 237, 238.
Arbalestrille : 96, 97, 98, p. 117.
Arbalète (v. Arbalestrille).
Arc : 106.
Astrolabe : 93, 94, p. 152.
Astrolabe à prisme : 224, 225.

## B

Baromètre : p. 204, p. 205, 228, 229, 230, p. 208, 231, 232, 233.
Bâton de Jacob (v. Arbalestrille).
Boussole : p. 9.
Boussole à registre : 32.

Boussole circulaire : 13.
Boussole d'inclinaison : 215, 216.
Buffet d'orgue (v. Sablier).

## C

Cadran à engrenage : 164.
Cadran analemmatique : 156.
Cadran azimutal : 155.
Cadran diptyque : 157.
Cadran en temps moyen : 171.
Cadran équinoxial : 158.
Cadran horizontal : 159, 160.
Cadran polaire : 163.
Cadran universel : p. 132, 164, 169, 170.
Cadran vertical : 162.
Calculateur de marées : p. 152.
Carte marine : 56.
Cercle à réflexion : p. 120, 144, 145, 147, 148, 168.
Cercle de Borda : 145.
Cercle de Mendoza : 147, 148.
Cercle entier : 209, 210.
Cercle répétiteur : 220, 222.
Chronomètre : p. 177, p. 180, p. 181, 201, 205, p. 185, p. 188, p. 189.
Compas : 197, p. 32.
Compas à quatre branches : 88.
Compas azimutal : 1, 21, p. 64, 167.
Compas de doris : p. 88.
Compas d'embarcation : 9, 22, 28.
Compas de relèvement : 17, 19, 20, 21.
Compas de route : 26, 27, p. 28, p. 29, p. 64.
Compas liquide : 28, 29, p. 41.
Compas renversé : 10.
Compas sec : 3, 8, 18.
Compteur de loch : 41.
Contrôleur de route : 34.
Correcteur de route : 37, 38.
Cosmolabe : 85, 86, 87.

## D

Dériveur à pinnules : 240.
Dromoscope : 35.

## E

Echappement : 195, 196.
Etui de mathématiques : p. 44.

## F

Flèche (v. Arbalestrille).
Flinders (v. Habitacle).

## G

Garde-temps (v. Montre, chronomètre)
Gisole (v. Habitacle).
Globe céleste (v. Navisphère).
Globe terrestre : p. 129.
Graphomètre : 207, 208, 209.

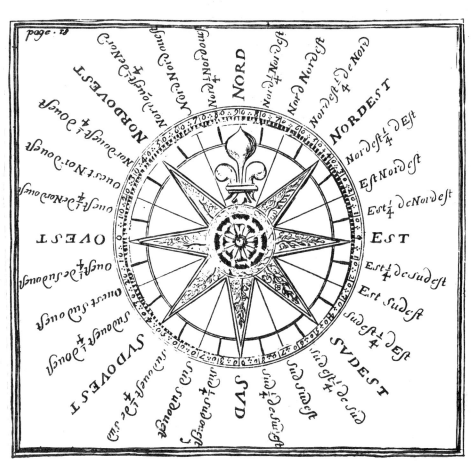

# Bibliographie

Chabert, *Voyage en 1750 et 1751 dans l'Amérique septentrionale*, Paris, 1753.
Charnières, *Traité et pratique des longitudes à la mer*, Paris, 1772.
Claude A. et Driencourt L., *Description et usage de l'astrolabe à prisme*, Paris, 1910.
Coignet M., *Instruction nouvelle de l'art de naviguer*, Anvers, 1581.
Collet, *Traité de la régulation et de la compensation des compas*, Paris, 1882.
Cotter Ch.H., *A history of nautical astronomy*, Londres, 1968.
Courtanvaux, *Journal du voyage de « l'Aurore »*, Paris, 1768.

**D**

Danfries Ph., *Déclaration du graphomètre*, Paris, 1597.
D'Après de Mannevilette, *le Nouveau Quartier anglais*, Paris, 1739.
Dassié F., *le Pilote expert*, 1683.
Daumas M., *Les instruments scientifiques au XVIIᵉ et XVIIIᵉ siècles*, Paris, 1953.
Davis J., *The seaman's secrets*, 1595.
De Gaulle, *Nouveau compas azimutal à réflexion*, Le Havre, 1779.
Delambre, *Astronomie théorique et pratique*, Paris, 1814.
Destombes M., articles sur l'hydrographie et l'astrolabe, in Neptunia. *Catalogue des cartes nautiques sur vélin*, Paris, B.N., 1963.
Dujardin-Troadec L., *les Cartographes bretons du Conquet, 1543-1650*.

**E**

Engbert S.E., *Descriptive catalogue of telescopes*.

**F**

Fleurieu, *Voyage fait en 1768 et 1769 pour éprouver les montres de F. Berthoud*, Paris, 1773.
Fournier P., *Hydrographie*, Paris, 1643.

**G**

Gaigneur, *le Pilote instruit*, Nantes, 1781.
Garcia Franco S., *Instrumentos nauticos en el Museo Naval*, Madrid, 1959.
Guépratte, *Vade-mecum du marin*, Brest, s.d.
Guillaume le Nautonnier, *Mécométrie de l'aymant*, 1603.
Gunter, *The description and use of the sector*.
Guye S. et Michel H., *Mesure du temps et de l'espace*, Paris, 1970.
Guyou, *Manuel des instruments nautiques*, Paris, 1870.

**L**

Lalande J., *Abrégé de navigation*, Paris, 1793.
Le Calvé A., *Cours d'astronomie nautique*, Paris, 1946.
Le Cordier, *Instruction des pilotes*, 1683.
Ledieu, *Nouvelles Méthodes de navigation*, Paris, 1877.
Lemonnier, *Lois du magnétisme*, Paris, 1776. *Instructions astronomiques. Description et usage des principaux instruments d'astronomie*.

**A**

Abrizzi, *Introduzzione all'arte nautica*.
Anderson R.G.W., *The mariner's astrolabe*.
Anthiaume A. et Sottas J., *l'Astrolabe quadrant au Musée des Antiquités de Rouen*, Paris, 1910.
Apian, *Cosmographia*.

**B**

Becborrow, *The longitude not found*, 1678.
Bellin, *Petit Atlas maritime*, Paris, 1764.
Bernouilli J., *Lettres astronomiques*.
Berthoud F., *Traité des horloges marines*, Paris, 1773 ; *Histoire de la mesure du temps par les horloges*, Paris, 1802 ; *Supplément au traité des montres à longitude*, Paris, 1807.
Berthoud L., *Entretiens sur l'horlogerie*, Paris, 1812.
Besson J., *Théâtre des instruments mathématiques et mécaniques avec l'interprétation des figures d'ice-*
Bezout, *Cours de navigation*, Paris, 1814.
Bion N., *Traité de la construction et des principaux usages des instruments de mathématique*, 1725.
Bird J., *The method of dividing astronomical instruments*, Londres, 1768.
Blondel de Saint-Aubin, *l'Art de naviguer par le quartier de réduction*, 1671.
Bloud C., *Usage de l'horloge ou quadran azimutal, ensemble de l'équinoctial*, Dieppe, 1668.
Bond, *The longitude found*, 1676 ; *Norwood's epitome*, 1645.
Borda, *Description du cercle de réflexion*, Paris, 1816.
Bory, *Description du nouveau quartier anglais*, Paris, 1751.
Bouguer, *Nouveau Traité de navigation, Traité complet de navigation*, Paris, 1781.
Bourne W., *A regiment for the sea*, Londres, 1577.
Brewington M.V., *The Peabody Museum collection of navigating instruments*, Salem, 1963.

**C**

Caillet, *Traité de navigation*, Paris, 1868.
Cassini, *Voyage fait en 1768 pour éprouver les montres de Le Roy*, Paris, 1770.

242-243. *Roses de compas.*

Le Roy, *Précis des recherches faites en France depuis 1730 pour déterminer la longitude à la mer par la mesure artificielle du temps*, Amsterdam, 1773.
Lévêque, *le Guide du navigateur*, 1779.

**M**

Magellan, *Description des octants et sextants anglais*, Paris, 1775.
Marguet F., *Histoire générale de la navigation. Du XV<sup>e</sup> au XX<sup>e</sup> siècle*, Paris, 1931 ; *Cours de navigation et de compas de l'Ecole navale*, Paris, 1938 ; *Histoire de la longitude à la mer*, Paris, 1917.
Medina P. de, *Arte de navegar*, Valladolid, 1545.
Mendoza, *Memoria sobre algunos métodos de calcular la longitud*, Madrid, 1795.
Metius A., *Astronomical institution*, 1605.
Michel H., *les Instruments des sciences*, Paris, 1966.

**N**

National Maritime Museum Greenwich, *Navigation and astronomy instruments*.
Norwood, *The seaman's practice*, 1637.

**P**

Pagel, *la Latitude par les hauteurs hors du méridien.*
Pezenas, *la Pratique du pilotage, Astronomie des marins*, 1765 ; *Mémoires de mathématiques*, 1755.
Polak J., *Bibliographie maritime française*, Paris, 1976.

**R**

Ramsden J., *Description d'une machine pour diviser les instruments de mathématique*, Paris, 1790.

Rochon A.M., *Recueil de mémoires sur la mécanique et la physique*, Paris, 1783.
Rooseboom M., *Bijdrage tot de geschiedenis der instrument makerkunst in de noordelijke nederlanden tot omstreeks*, 1840.

**S**

Saunier, *Traité d'horlogerie*, Paris, 1872.
Saverien, *l'Art de mesurer le sillage du vaisseau*, Paris, 1750.
Sonnet H., *Dictionnaire des mathématiques appliquées*, Paris, 1867.
Stevin, *Hypomnemata mathematica*, 1608.

**T**

Turner E., *Van Marum's Scientific instruments in Teyler's Museum.*

**V**

Valois Y., *la Science et la pratique du pilotage*, 1735.

**W**

Waters David W., *The art of navigation in England in elizabethan and early stuart times*, Londres, 1958.
Werner J., *Commentaires sur la géographie de Ptolémée*, 1514.
Whiston W., *The longitude & latitude found by the inclinatory or dipping needle*, Londres, 1721.
Wright R., *Certain errors in navigation detected and corrected*, Londres, 1599.
Wynter H. et Turner A., *Scientific instruments*, Londres, 1975.

# Remerciements

J.-M. Arthaud, Cdt L.-M. Bayle, A. Brieux, J.-P. Busson, J.-H. Chambon (†), M. Cordelier, H. Cras, H. de Finfe, A. de Vos, S. Galanis, Mr Hazelhoff, Kelvin-Hughes, N. Kramer, Mr Labar, D. Lailler, Dr J. Meyer, A. Morel, W.F.J. Mörzer Bruyns, A. Paviot, Mr Petitcollot, Plath Sextant Hambourg, H.-C. Randier, Mr Redouté, Service historique de la Marine, Vincennes, Mr Soulard, Studio Duffort, Studio Gorne, G. Suc, J. Van Beylen, Wempe Chronometerwerke.

244. *Rose de compas.*

# Sources des photographies

*Les chiffres simples renvoient au numérotage, ceux précédés de p. désignent les pages, et concernent les couleurs.*

Altonaer Museum, Hambourg : p. 13, p. 16, 12, 14, p. 25, p. 32, p. 61.
Bibliothèque nationale, Paris : p. 12, p. 57.
Chambon J.-H. : 29, p. 185, p. 188, p. 189, p. 204.
Conservatoire national des Arts et Métiers : 31, 203, 230.
Galanis S. : p. 29, p. 41, p. 177.
Kelvin-Hughes : p. 28, 33, 36.
Kramer N. : 25.
Morel A. : p. 180, p. 181.
Musée de la Marine, Paris : 1, 8, 9, 10, 18, 19, 20, 21, 22, 24, 26, 27, 41, p. 44, 44, 71, 73, 88, 94, 109, 110, 112, 123, 127, 135, 136, 140, 145, 148, 150, 152, 157, 168, 205, 211, 213, 215, 216, 220, 221, 237, 238, 240.
Musée international d'horlogerie, La Chaux-de-Fonds : 201, 206.
Musée international du long-cours cap-hornier, Saint-Malo : 229, 230, 235.
National maritime Museum, Greenwich : 3, 4, 5, 6, 7, 15, 30, 64, 70, 78, 79, 93, 95, 129, 131, p. 113, 132, 153, 167, 173, 176, 179, 182, 189, 190, 191, 207.
National Scheepvaart Museum, Anvers : 51, 125, 154, 165, 209, 210.
Nautical photo agency : 39.
Nederlandsch Historisch Scheepvaart Museum, Amsterdam : p. 64, p. 116, p. 117, p. 128, p. 152.
Paviot/Octant : p. 136.
Petitcollot : 28, 46.
Plath : 137, 142.
Randier H.-C. : p. 9, 11, p. 44, 45, 67, 68, 80, 81, 83, p. 81, p. 84, p. 85, p. 97, p. 100, p. 101, p. 104, p. 120, 146, p. 132, p. 133, p. 164, p. 165, 222, p. 205, 232.
Randier J. : p. 28, 23, 40, p. 48, 48, 49, 50, 52, 65, 72, 74, 76, 77, 82, 84, 89, p. 88, 122, 134, 166, 169, p. 192, 212, 217, 219, p. 201, p. 208, 231, 233, 242, 243, 244.
Revue Maritime et Coloniale : 138, 139, 144.
Service Historique de la Marine, Vincennes : 13, 16, 17, 34, 35, 37, 38, 42, 43, 53, 54, 56, 57, 58, 62, 63, 66, 69, 75, 85, 86, 87, 91, 92, 96, 97, 98, 99, 100, 101, 102, 103, 105, 114, 116, 117, 118, 119, 120, 121, 124, 149, 151, 172, 177, 183, 185, 186, 187, 192, 195, 196, 197, 198, 199, 200, 202, 223, 224, 227, 235, 239, 241.
Sciences Museum, Londres : 32, 126, 128, 130, 141, 147, 160, 164, 170, 171, 180, 188, 208, 218.
Suc G. : 104.
Wynter H. : 45.

# Musées et collections

**France**

Conservatoire national des Arts et Métiers, Paris.
Musée de la Marine, Paris.
Musée de l'Observatoire, Paris.
Musée international du long-cours cap-hornier, Saint-Malo/Saint-Servan,
Service Hydrographique de la Marine, Brest.

**Allemagne fédérale**

Altonaer Museum, Hambourg/Altona.
Deutsches Museum, Munich.
Schiffahrts Museum, Brake/Unterweser.

**Belgique**

National Scheepvaart Museum, Anvers.

**Danemark**

Sofarts Museet, Copenhague.

**Espagne**

Museo marítimo, Barcelone.
Museo naval, Madrid.

**Etats-Unis**

Museum of Sciences, Boston.
Smithsonian institution, Washington, D.C.
The Maritime Museum, Newport News.
The Maritime Museum, San Francisco.
U.S. Naval Academy Museum, Annapolis.

**Grande-Bretagne**

British Museum, Londres.
Royal Observatory, Greenwich.
Royal Scottish Museum, Edimbourg.
Museum of the history of sciences, Oxford.
The National Maritime Museum, Greenwich.
The Sciences Museum, Londres.
Whipple Museum, Cambridge.

**Hollande**

Maritime Museum, Rotterdam.
Musée de Leyde.
Musée de l'Université d'Utrecht.
Rijksmuseum, Amsterdam.
Scheepvaart Museum, Amsterdam.
Teylers Museum, Harlem.

**Italie**

Musée de l'histoire des sciences, Florence.
Musée des Sciences, Milan.
Museo storico navale, Venise.

**Portugal**

Museu de Marinha.

**Suède**

Sjöfarts Museet, Göteborg.
Statens Sjöhistoriska, Stockholm.

**Suisse**

Musée international d'horlogerie, La Chaux-de-Fonds.

**U.R.S.S.**

Musée naval, Leningrad.

# Table des matières

Achevé d'imprimer le 31 janvier 1990. Photogravure, impression et reliure : Vallardi Industrie Grafiche, Lainate (Milan). Composition : Aquitaine Composition à Bordeaux. N° d'édition : 1470. Dépôt légal : 1er trimestre 1990. Imprimé et relié en Italie.